Hutfestival Chemnitz 2019

Ein Streifzug

Bettina Bauch
&
Eckhard Schmittner

Impressum

Titel: Hutfestival Chemnitz 20119

Untertitel: Ein Steifzug

Coverbild: Bettina Bauch

Covergestaltung: Eckhard Schmittner

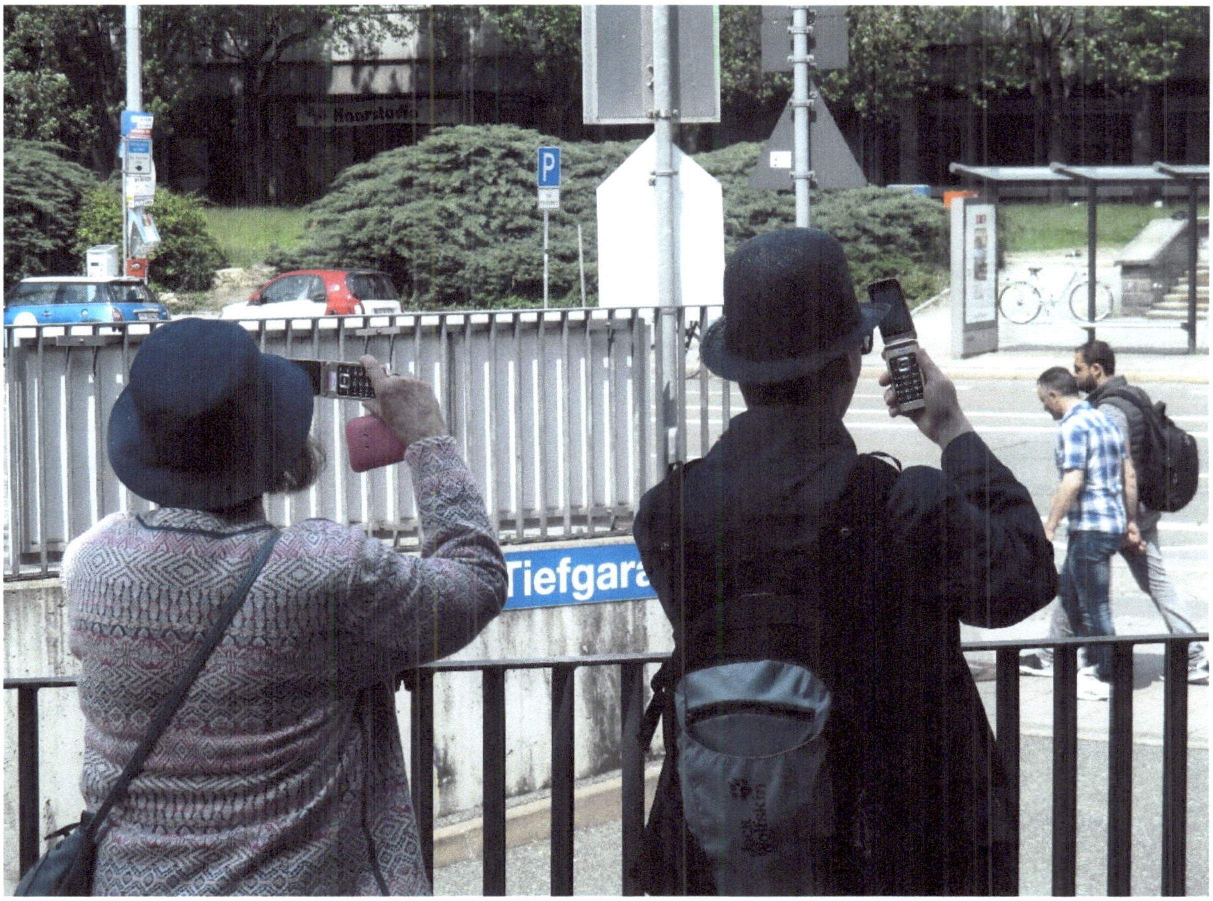
Tiefgara

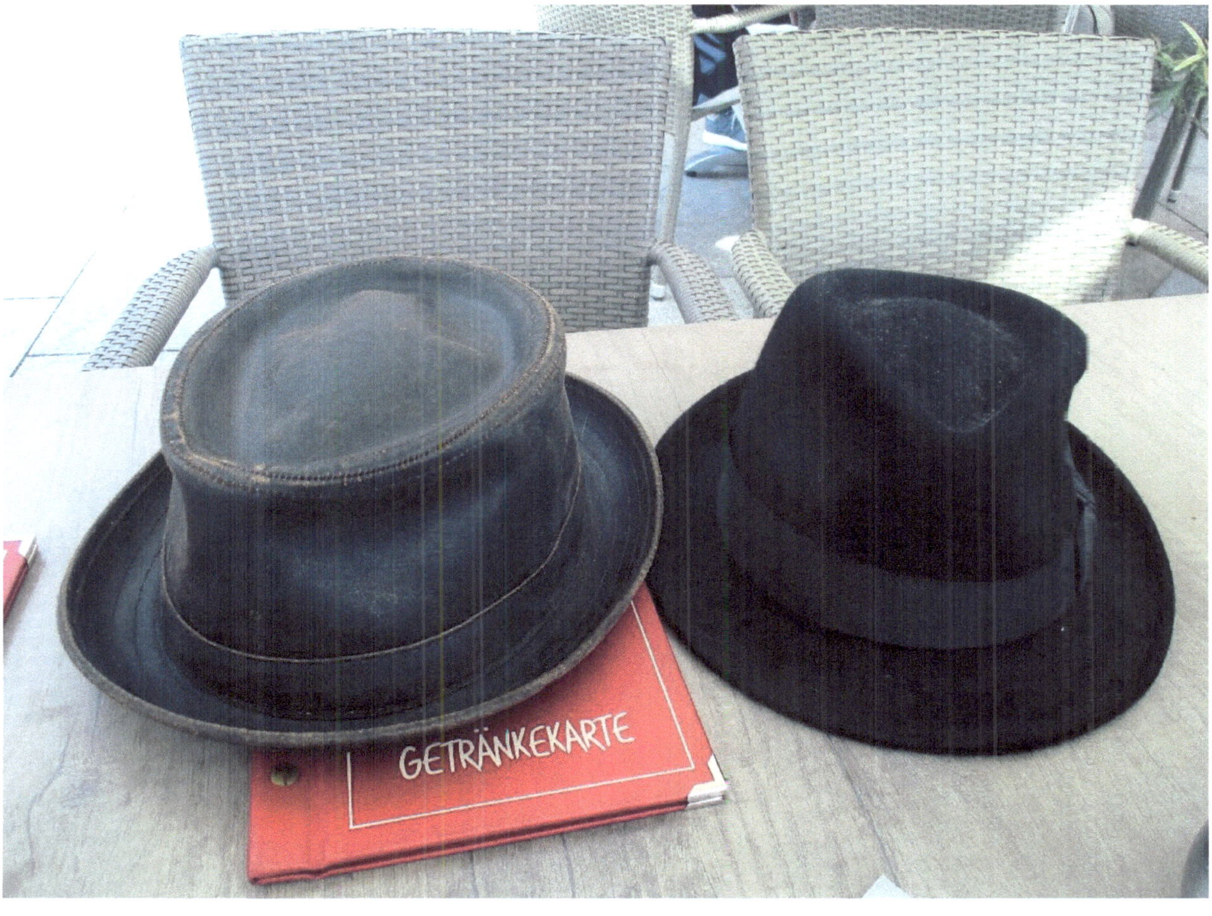
GETRÄNKEKARTE

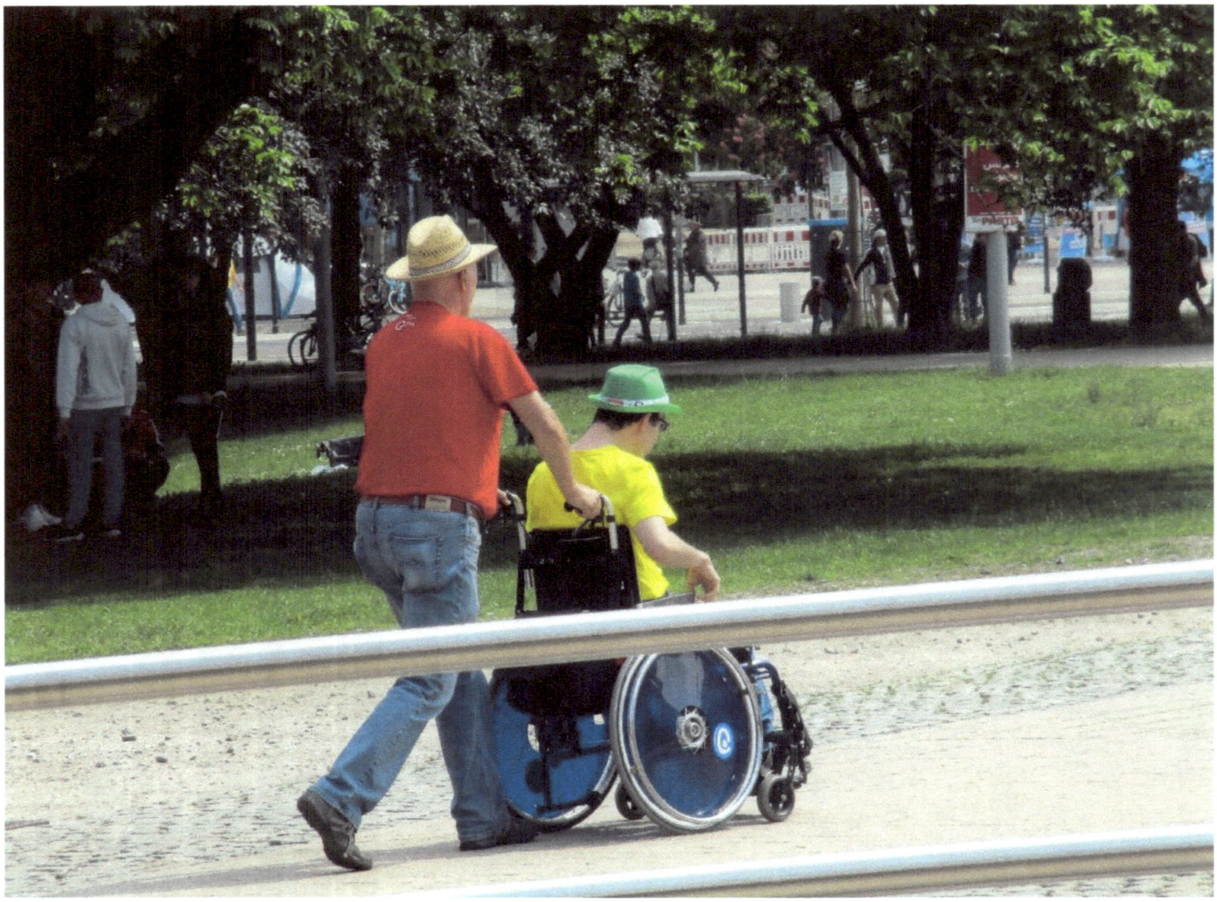

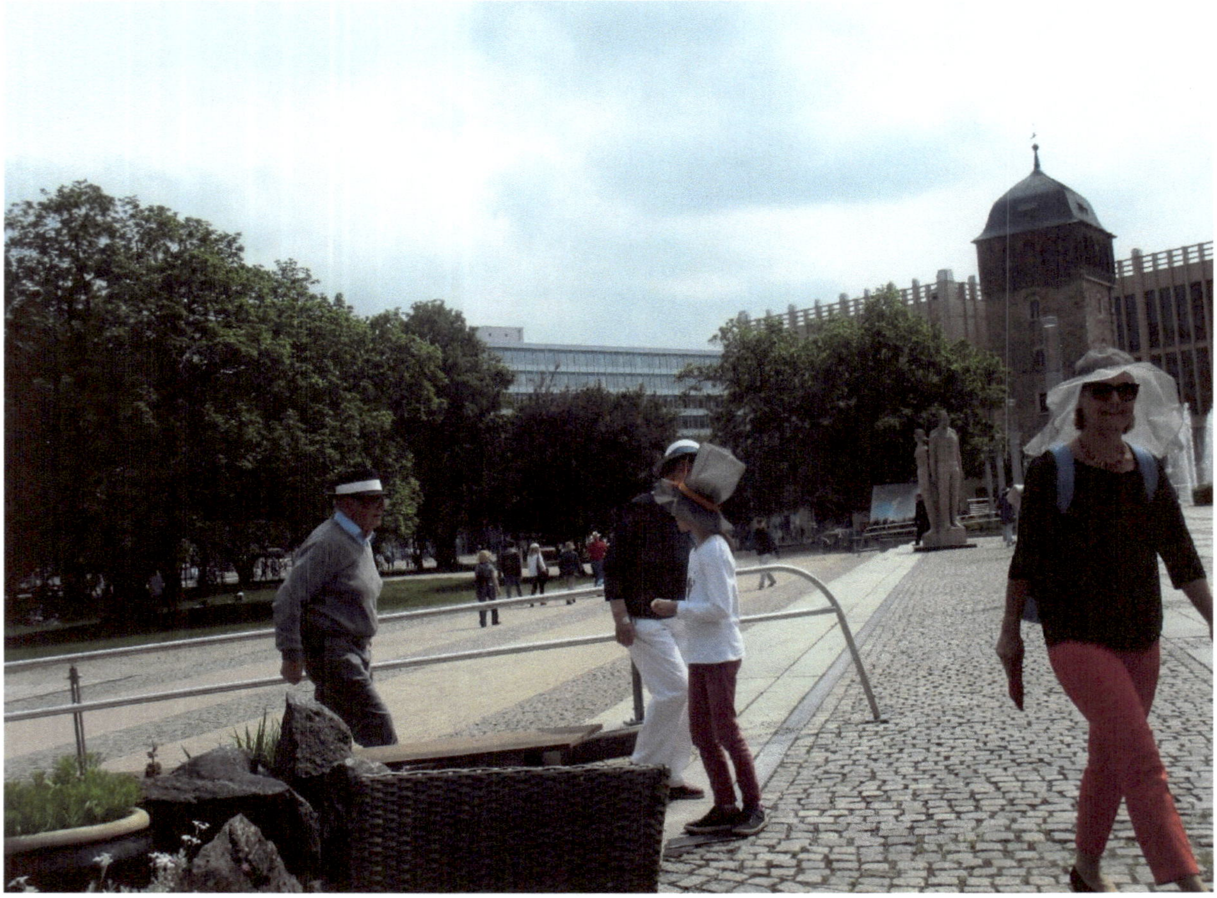

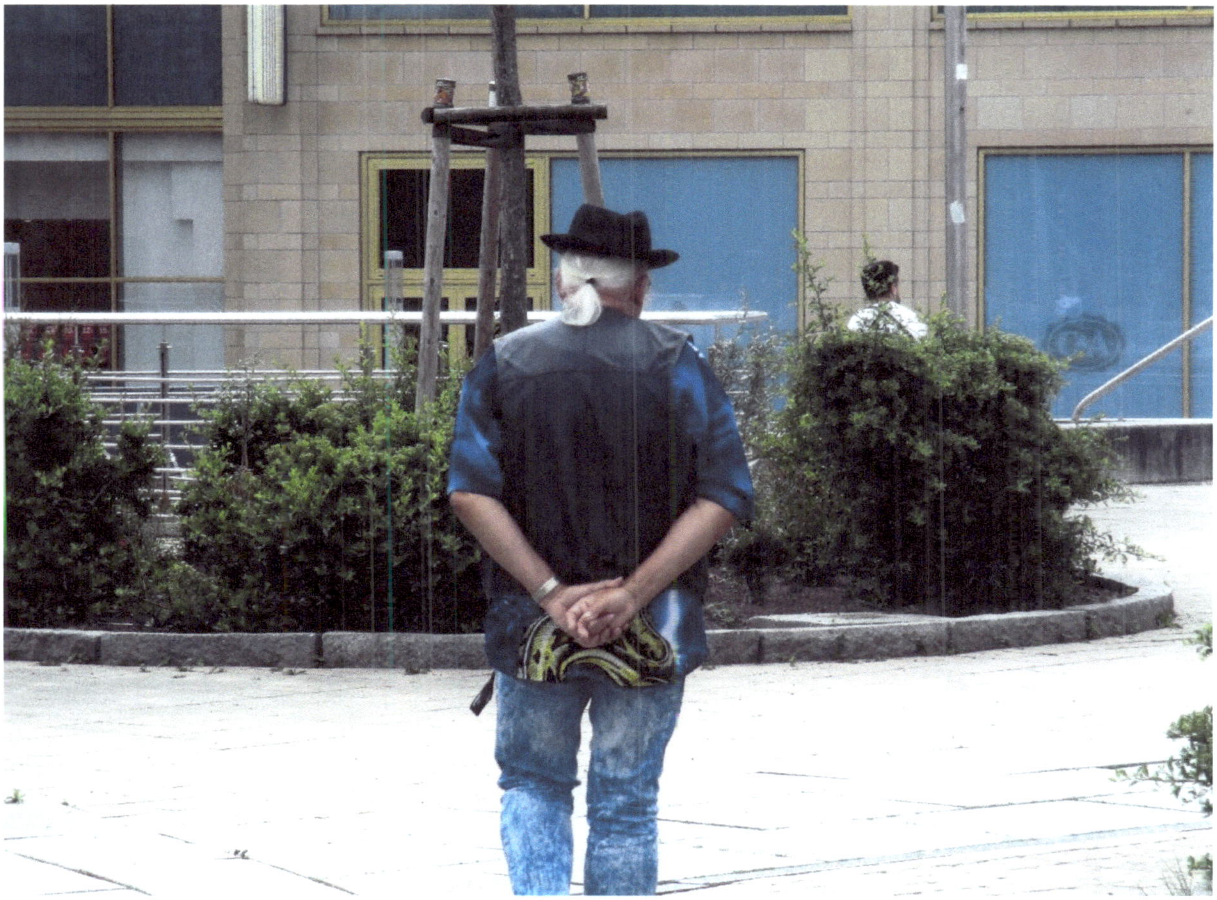
C&A

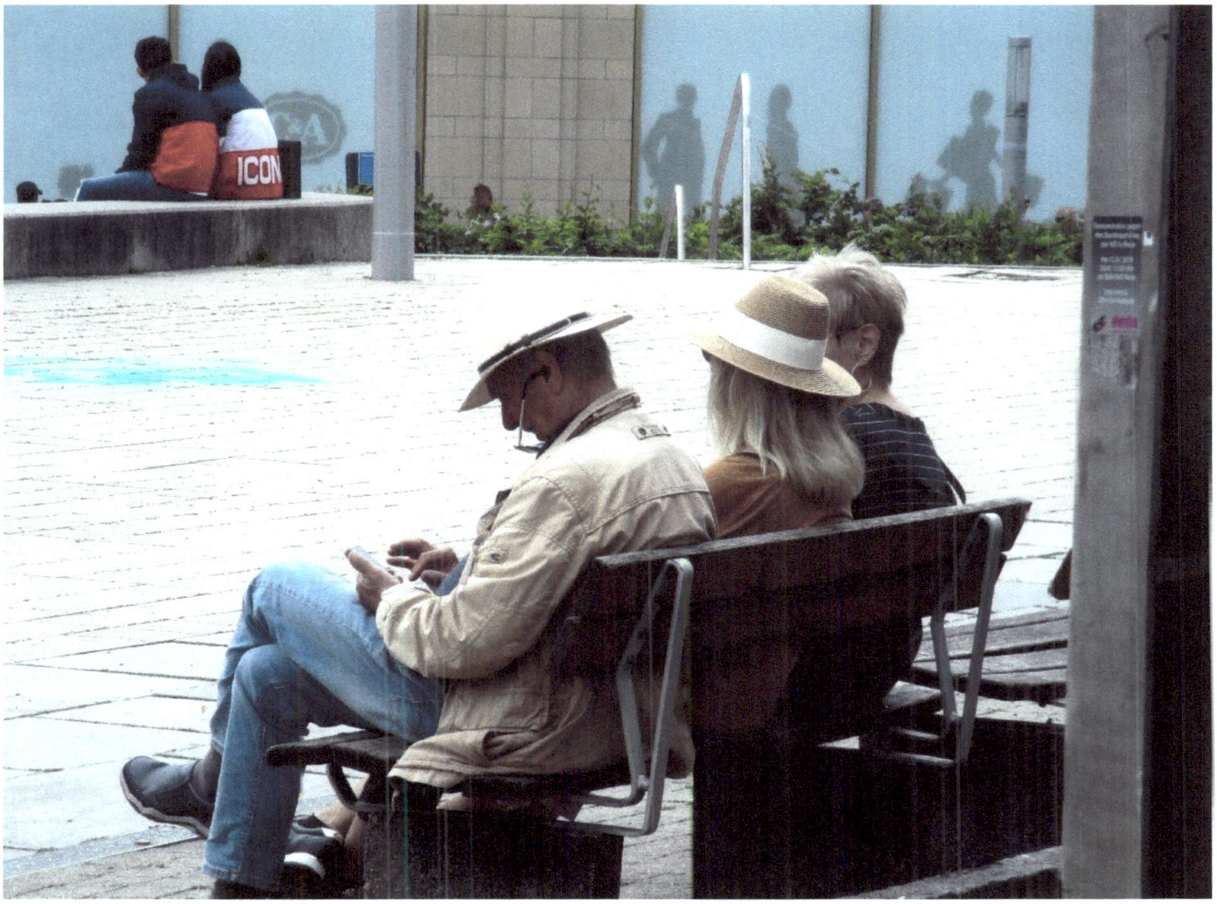
C&A
ICON

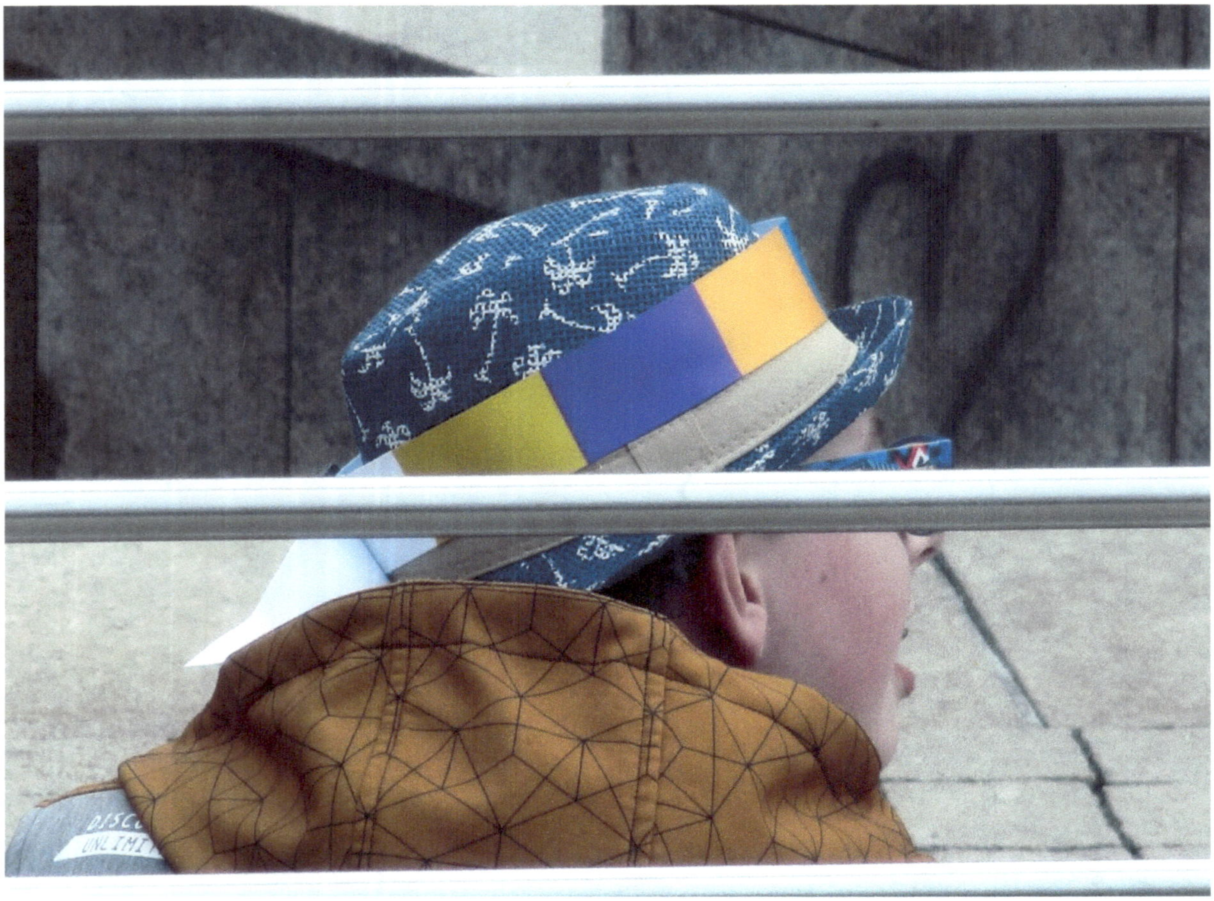

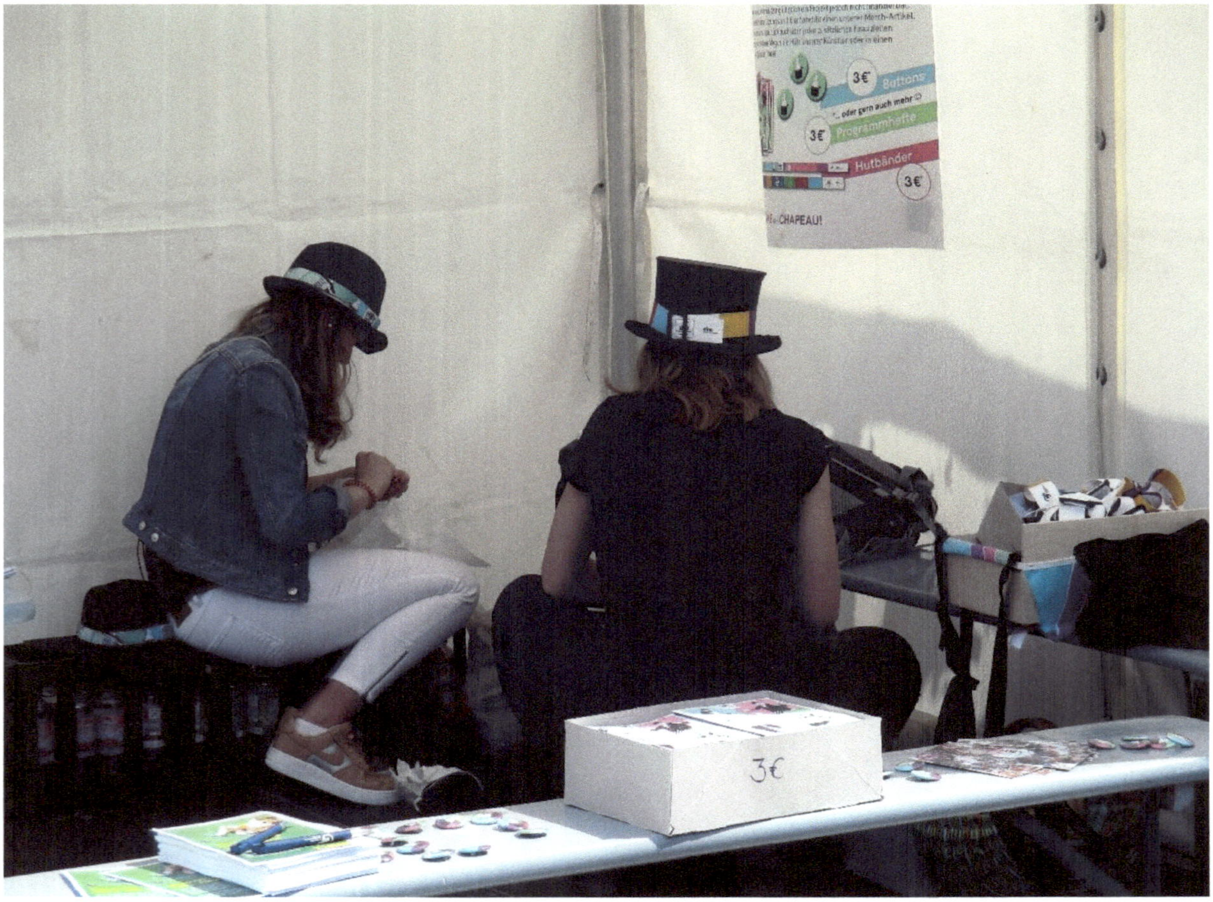

3€
Buttons
... oder gern auch mehr ☺
3€
Programmhefte
Hutbänder
3€
CHAPEAU!
3€

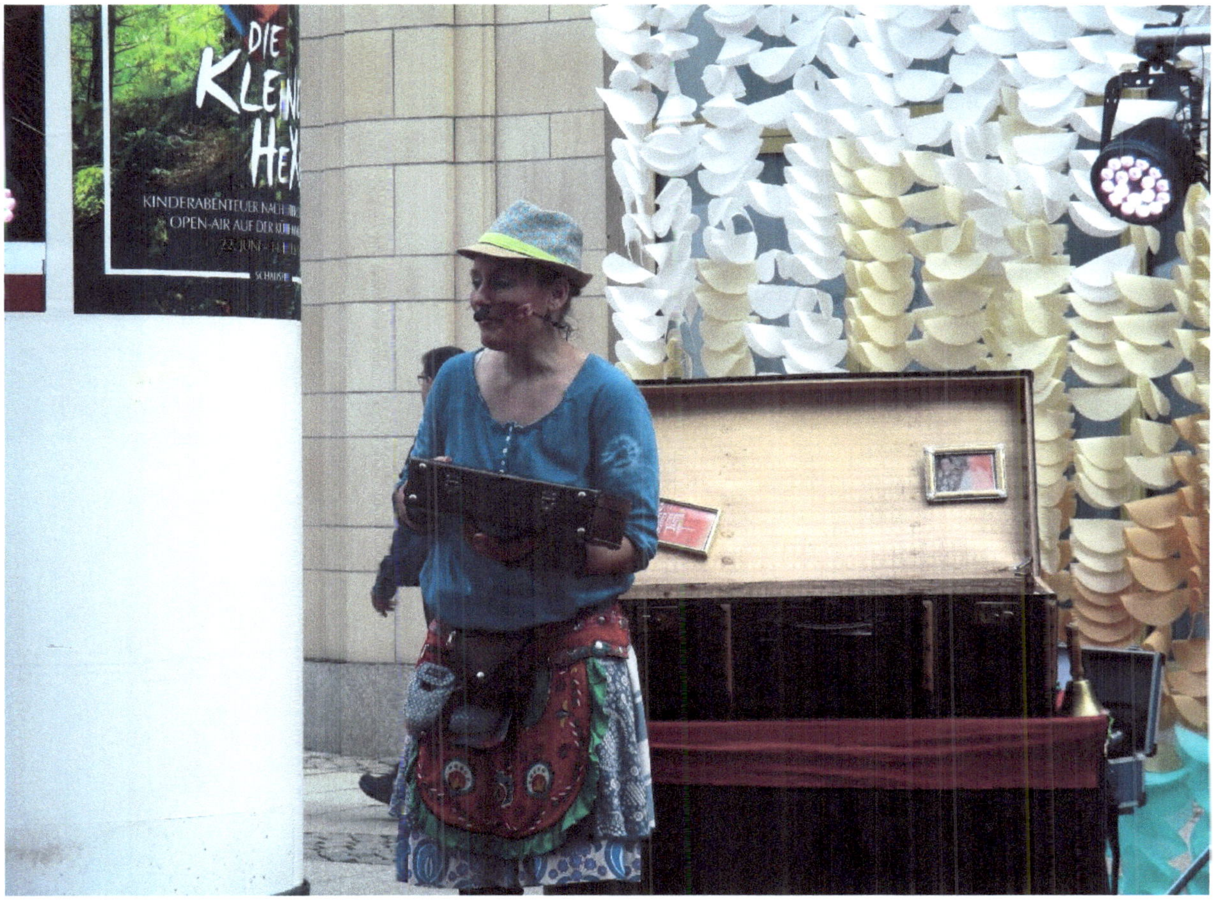
DIE
KINDERABENTEUER NACH
OPEN-AIR AUF DER

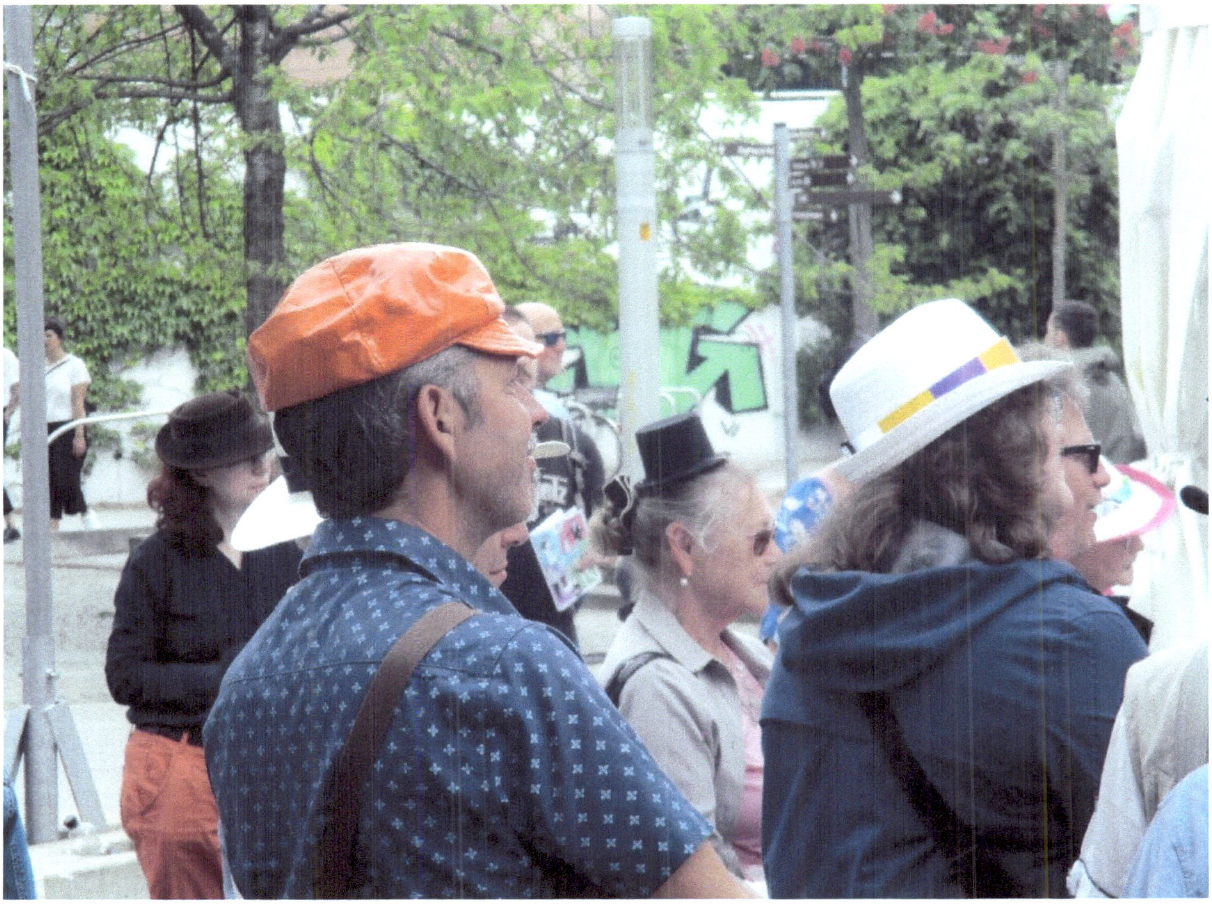

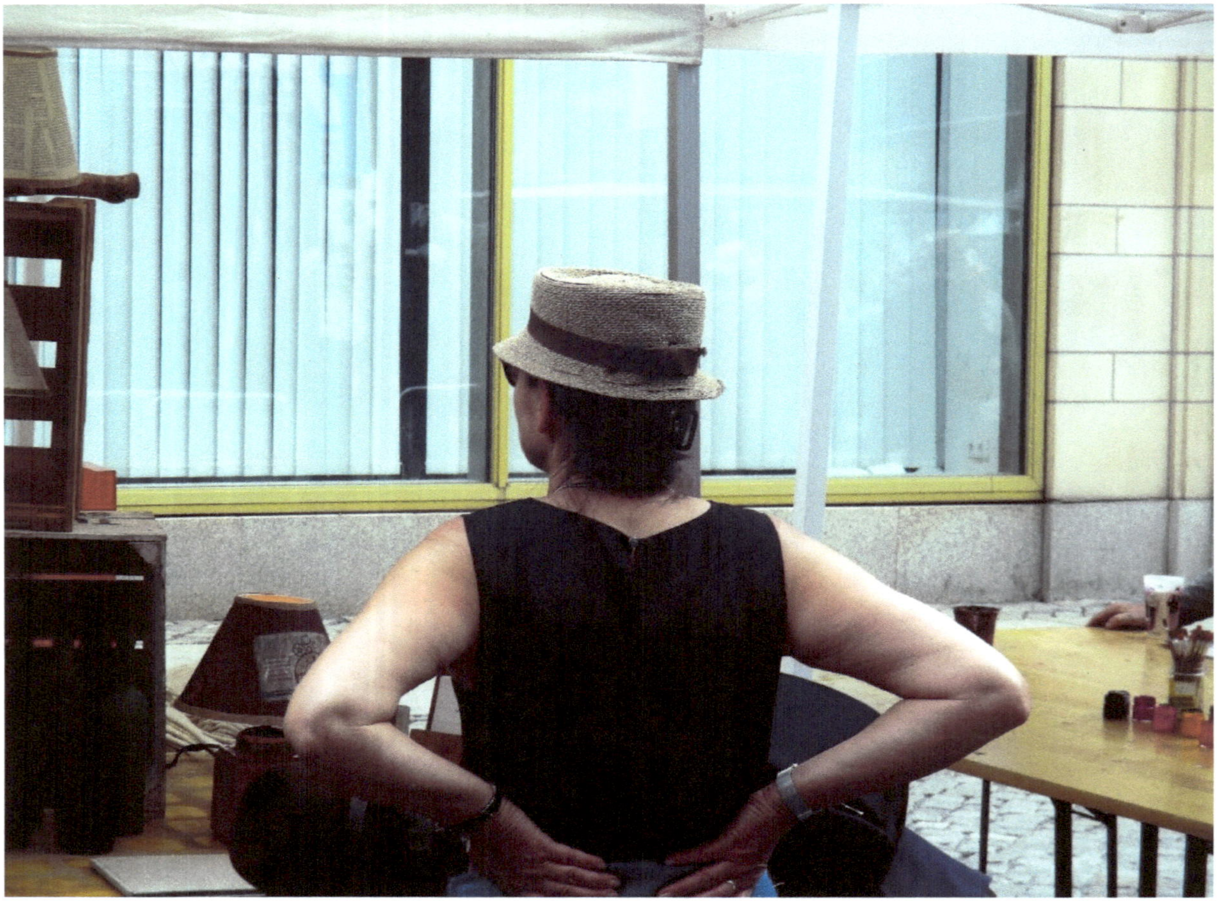

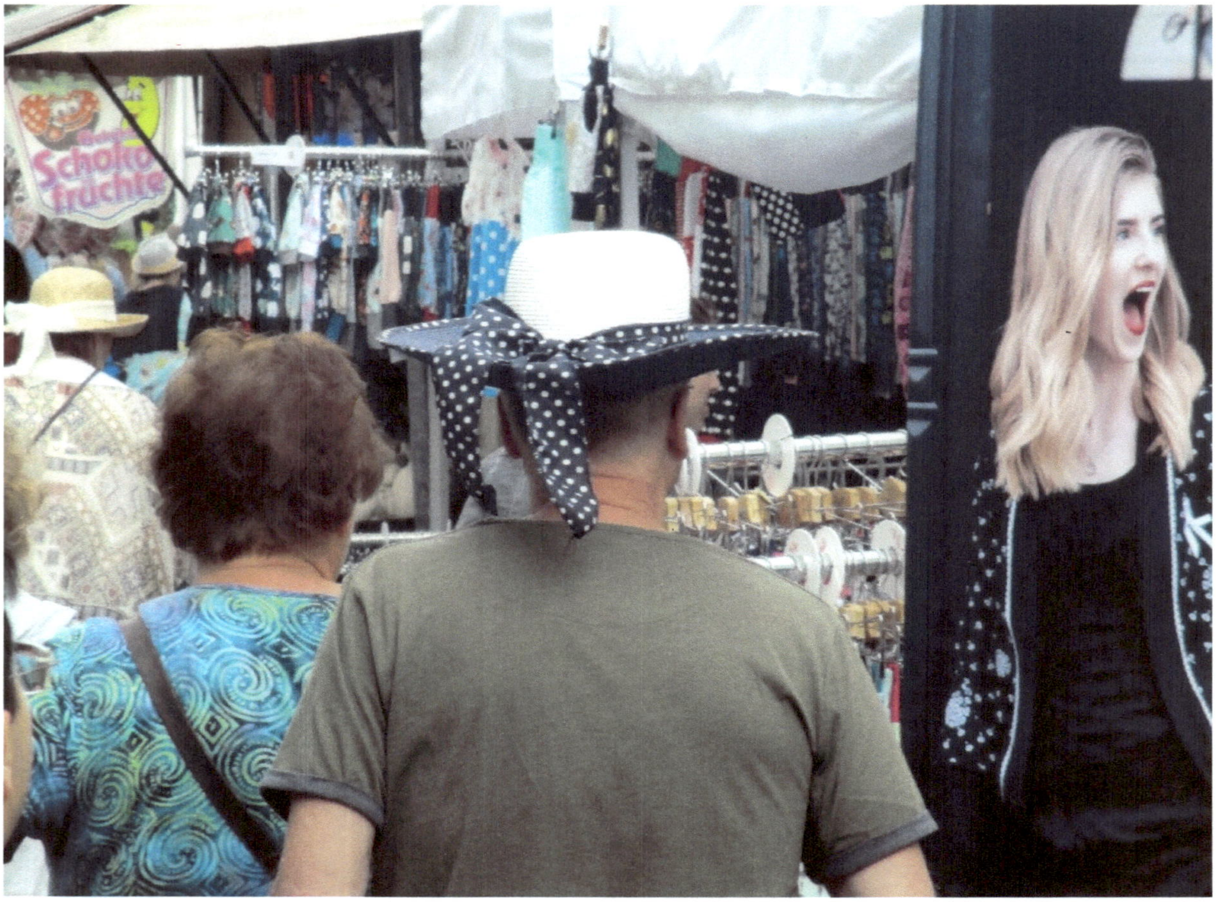
Schoko
früchte

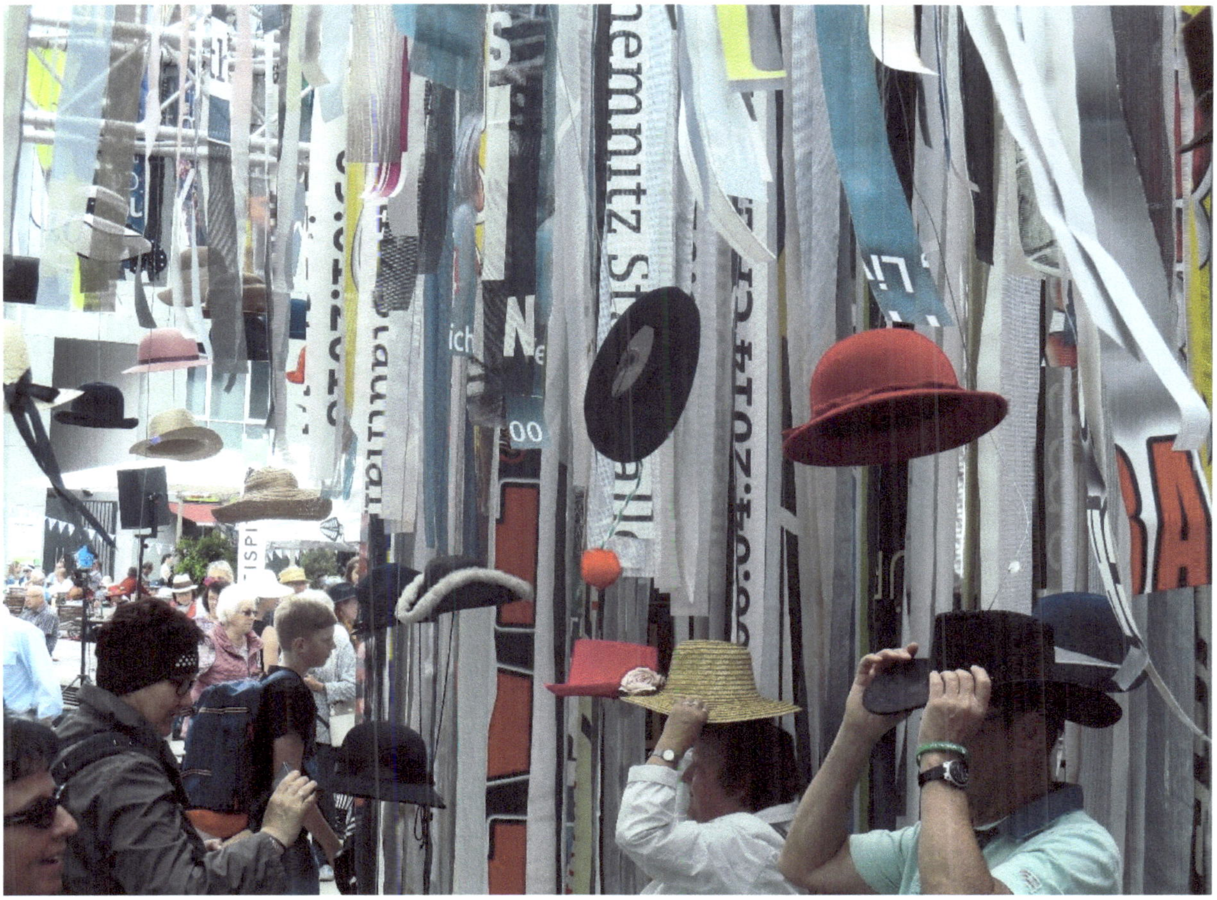

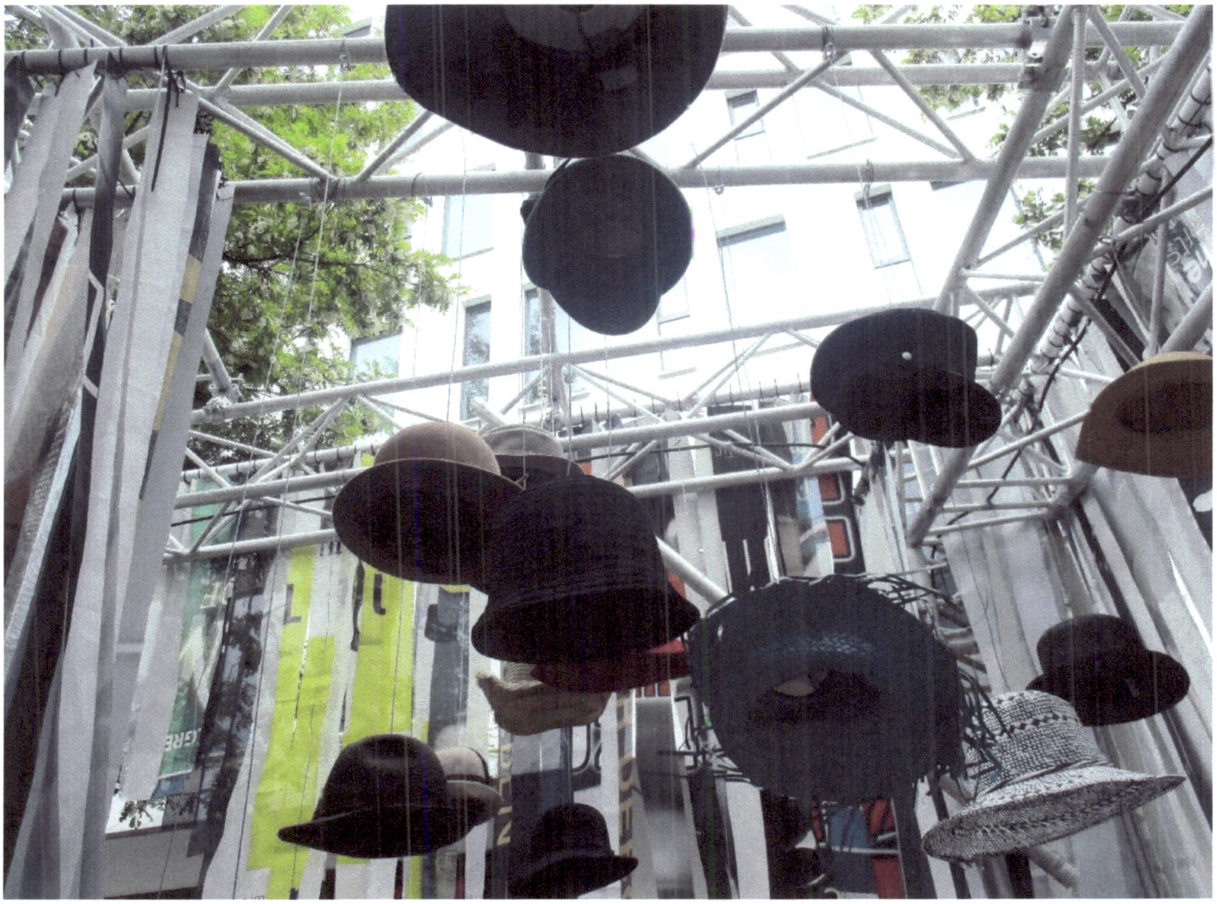

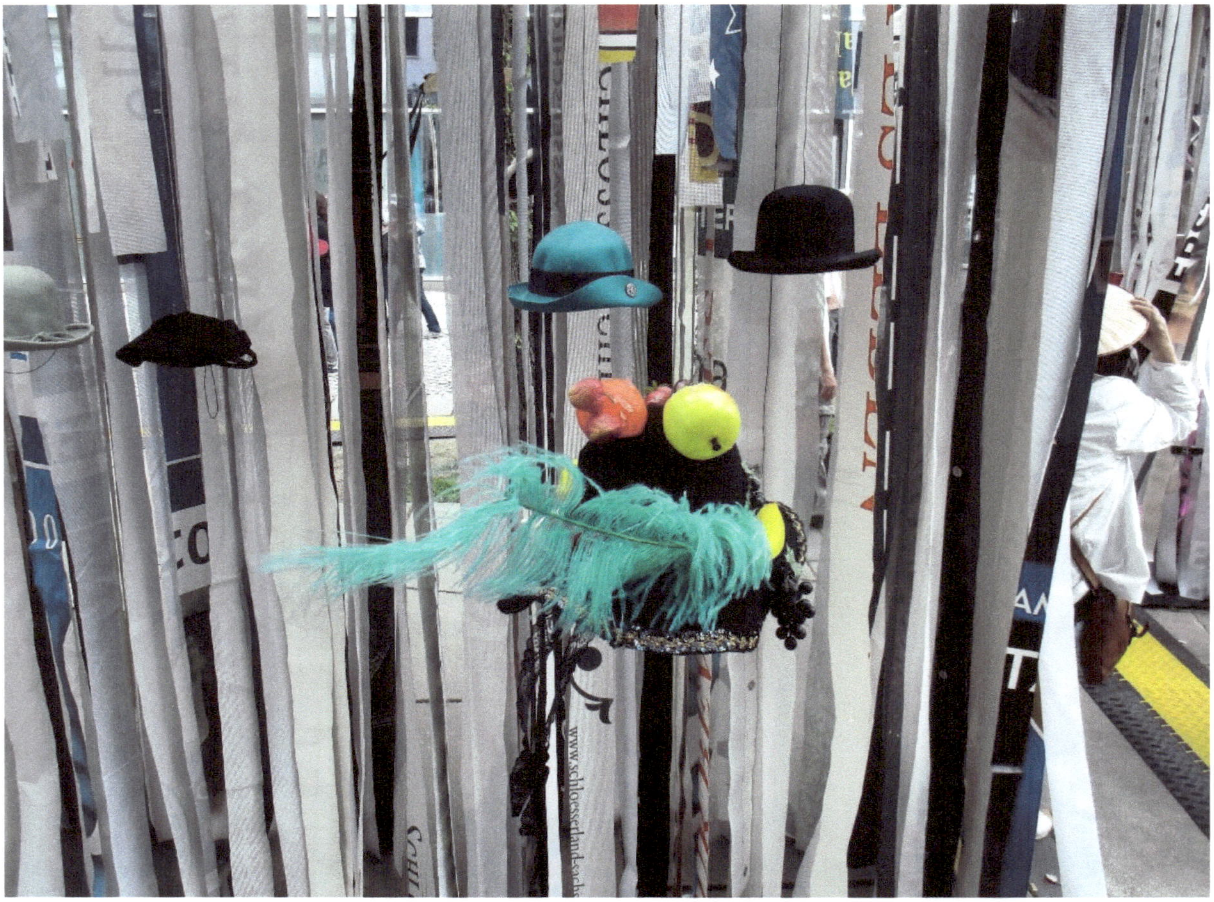

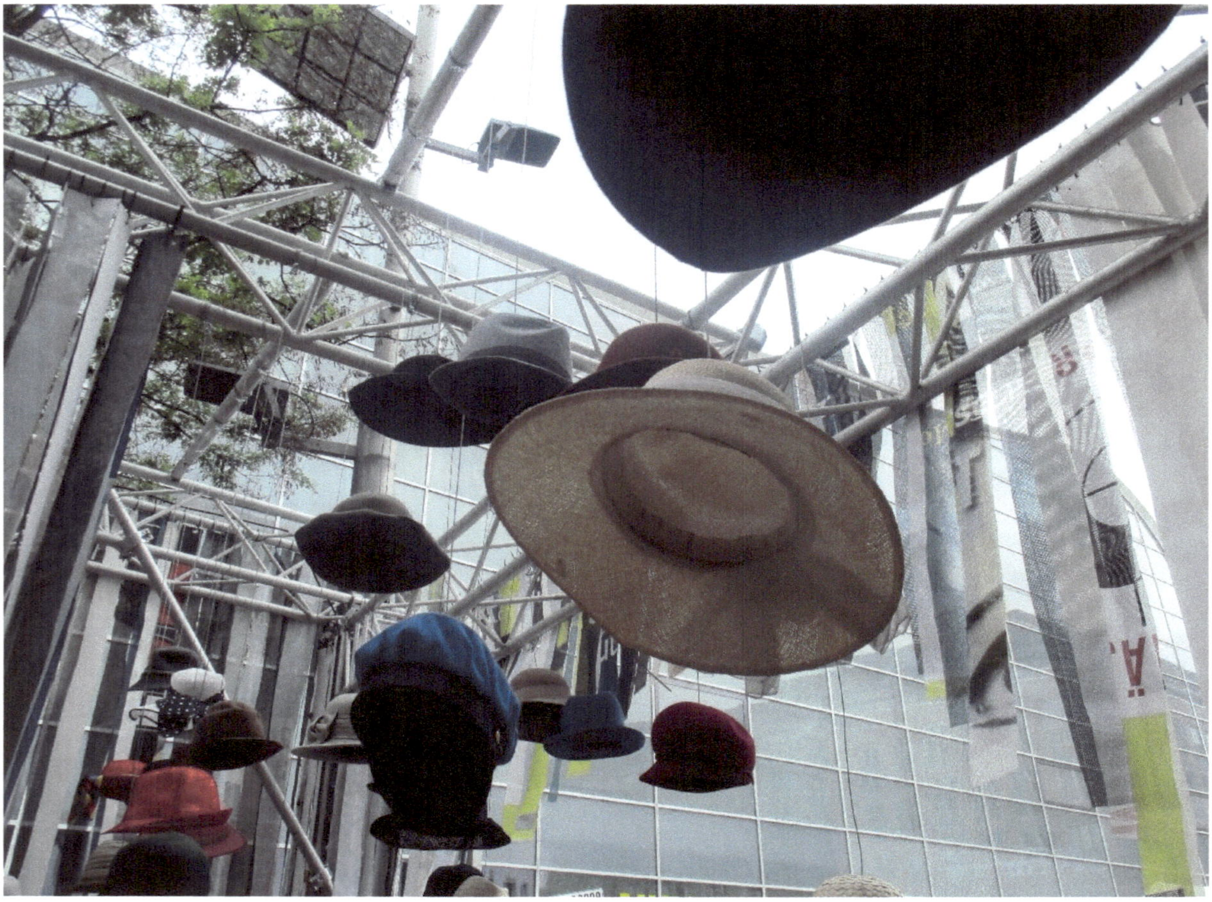

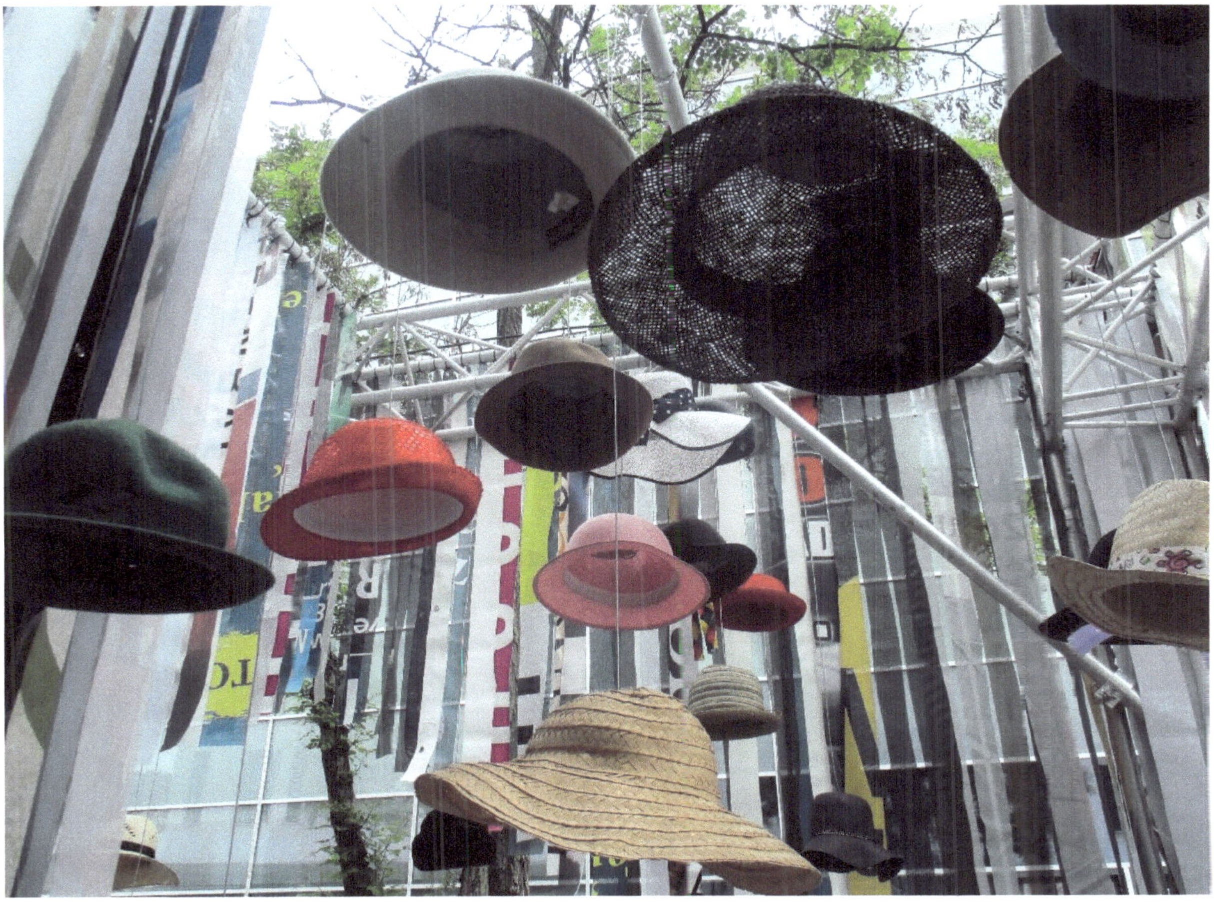

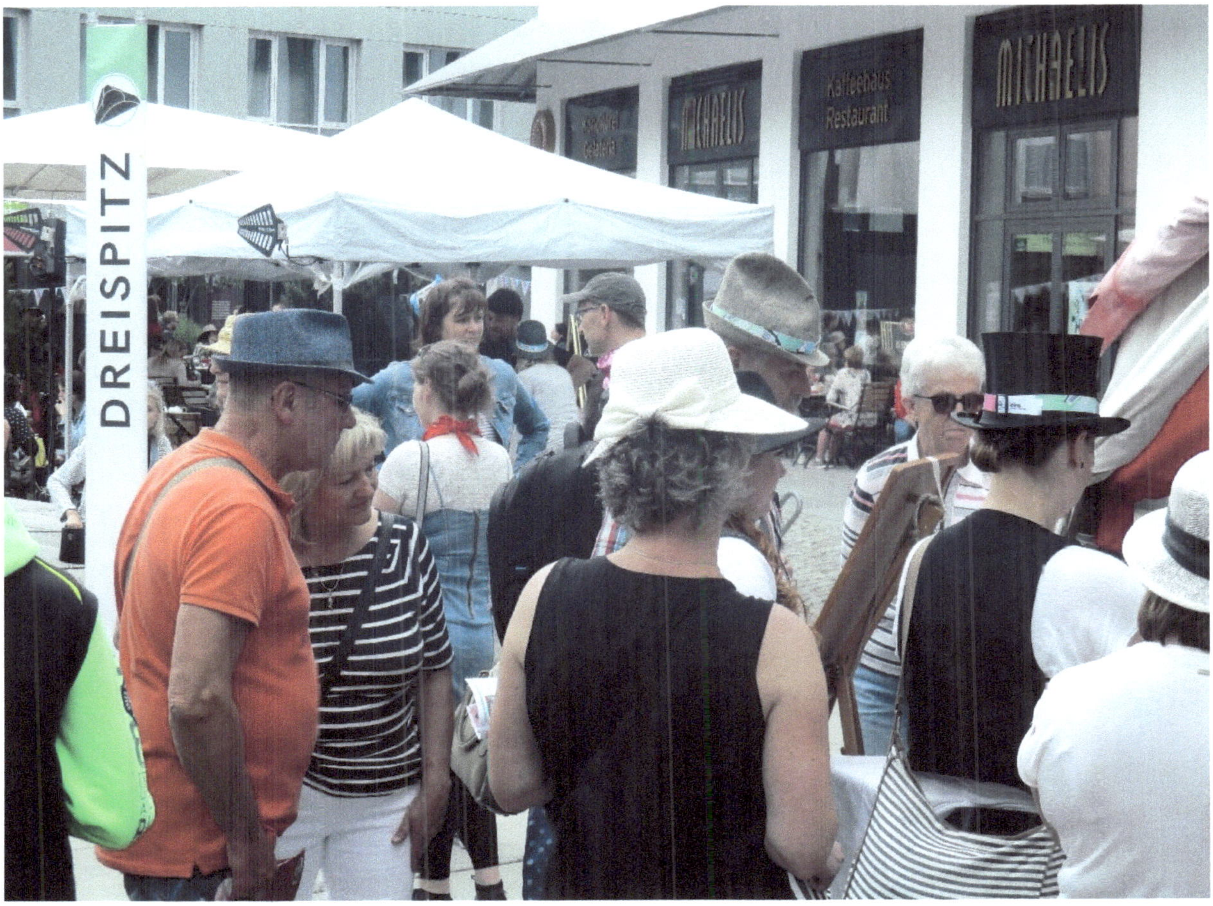
DREISPITZ
MICHAELIS
Kaffeehaus
Restaurant
MICHAELIS

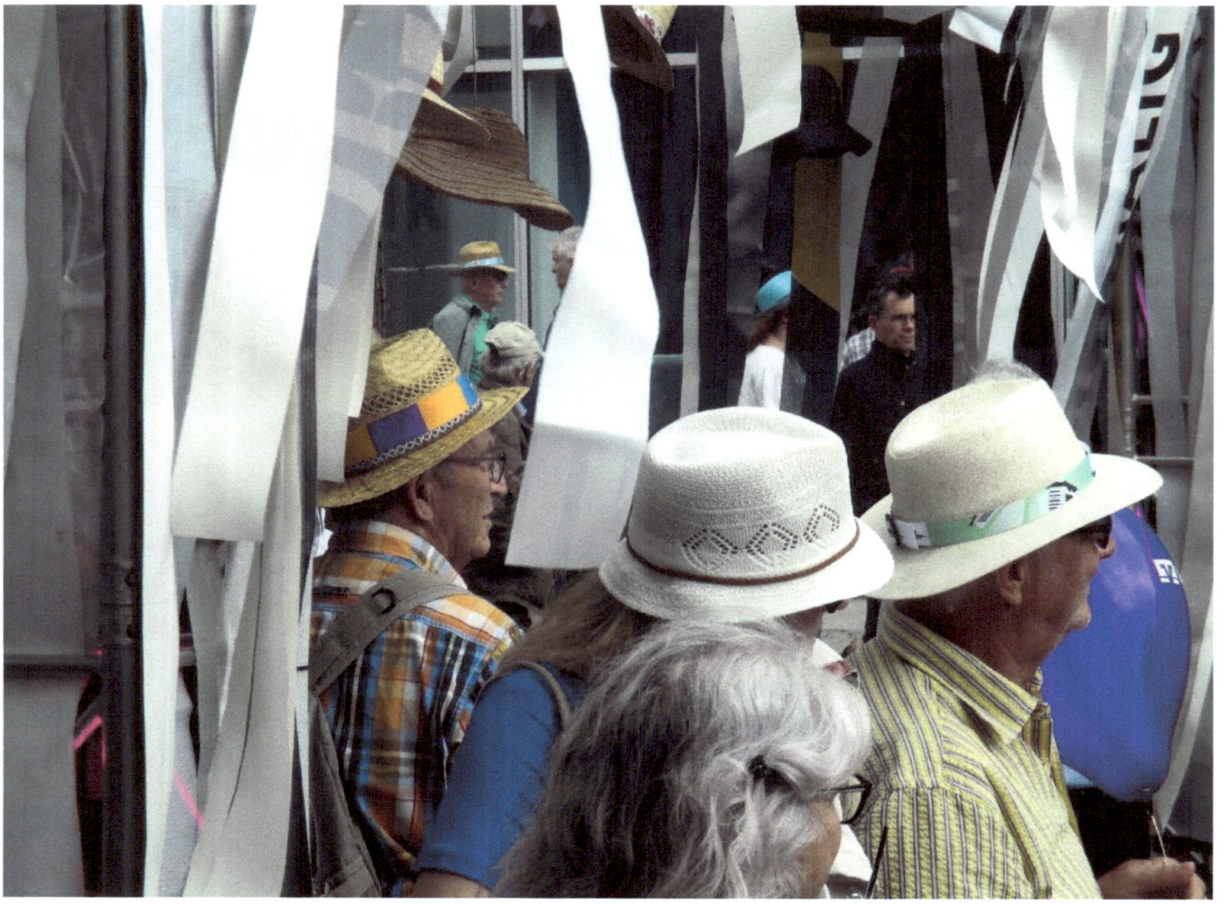

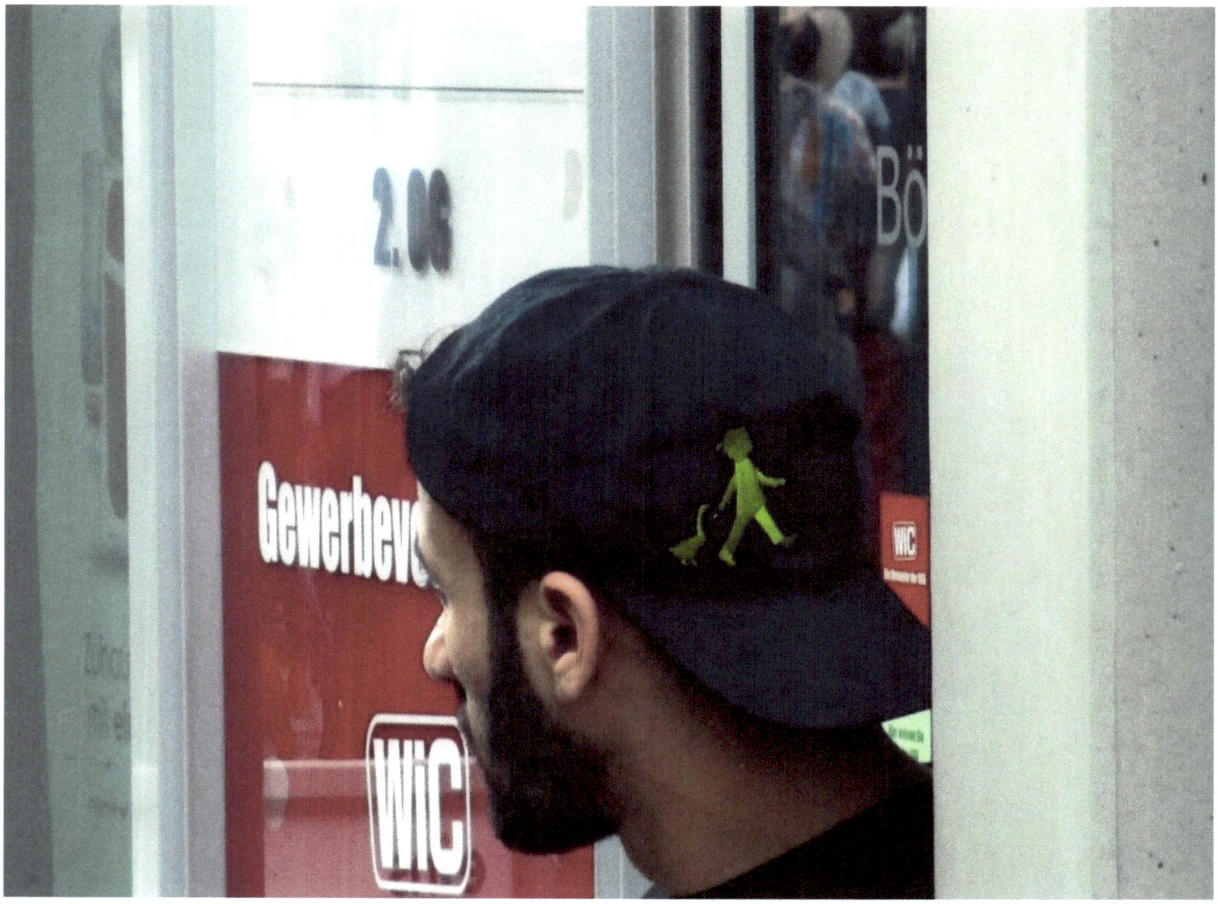
2.OG
WiC
WiC

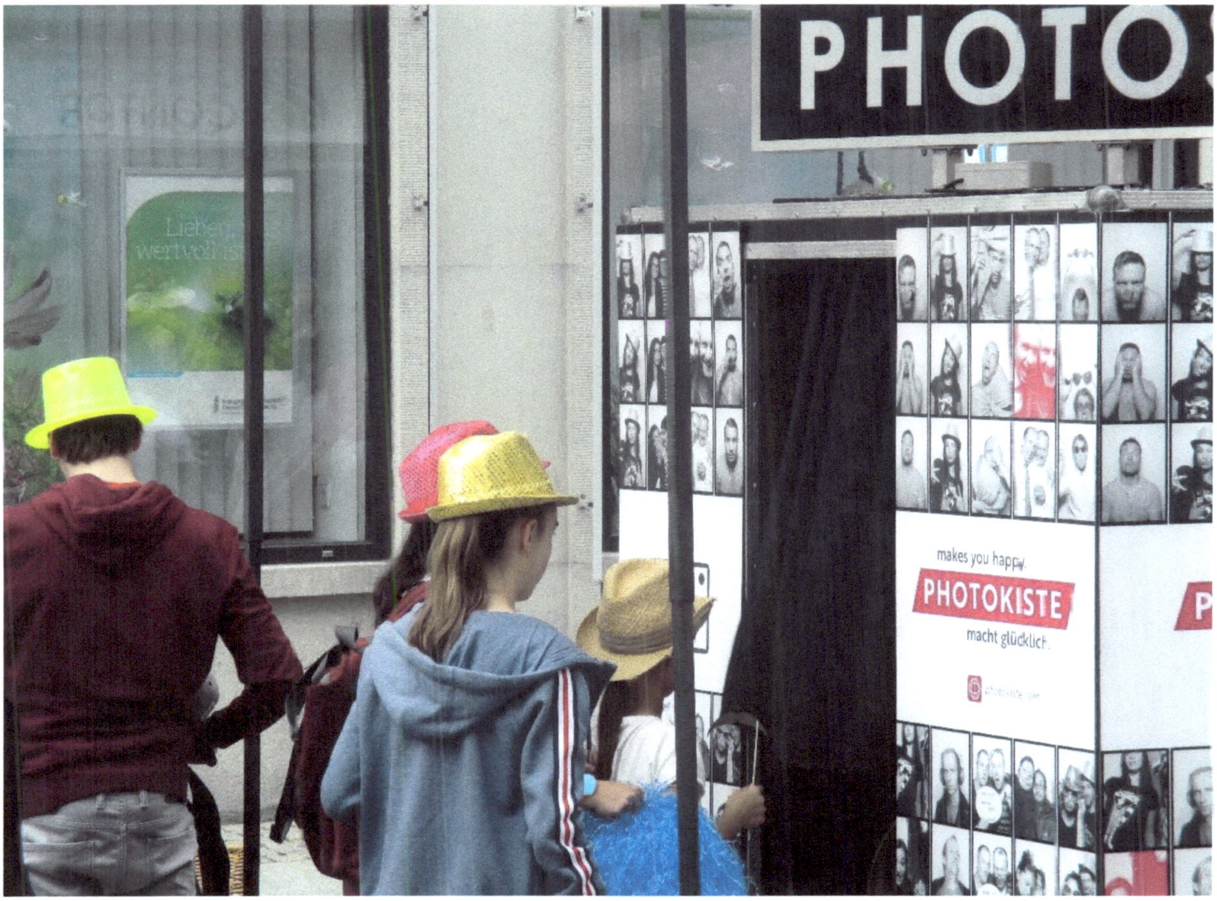
PHOTO
makes you happy.
PHOTOKISTE
macht glücklich.

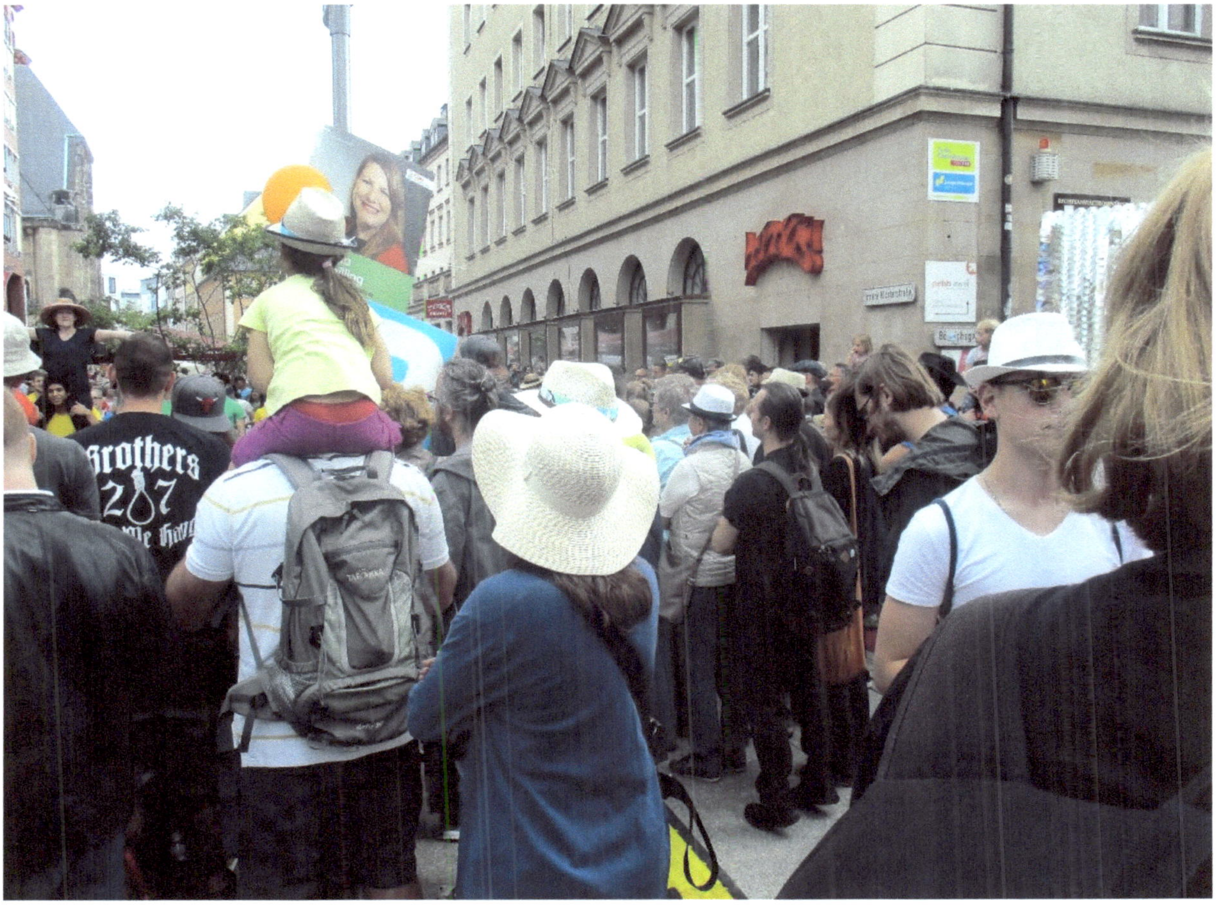
Brothers

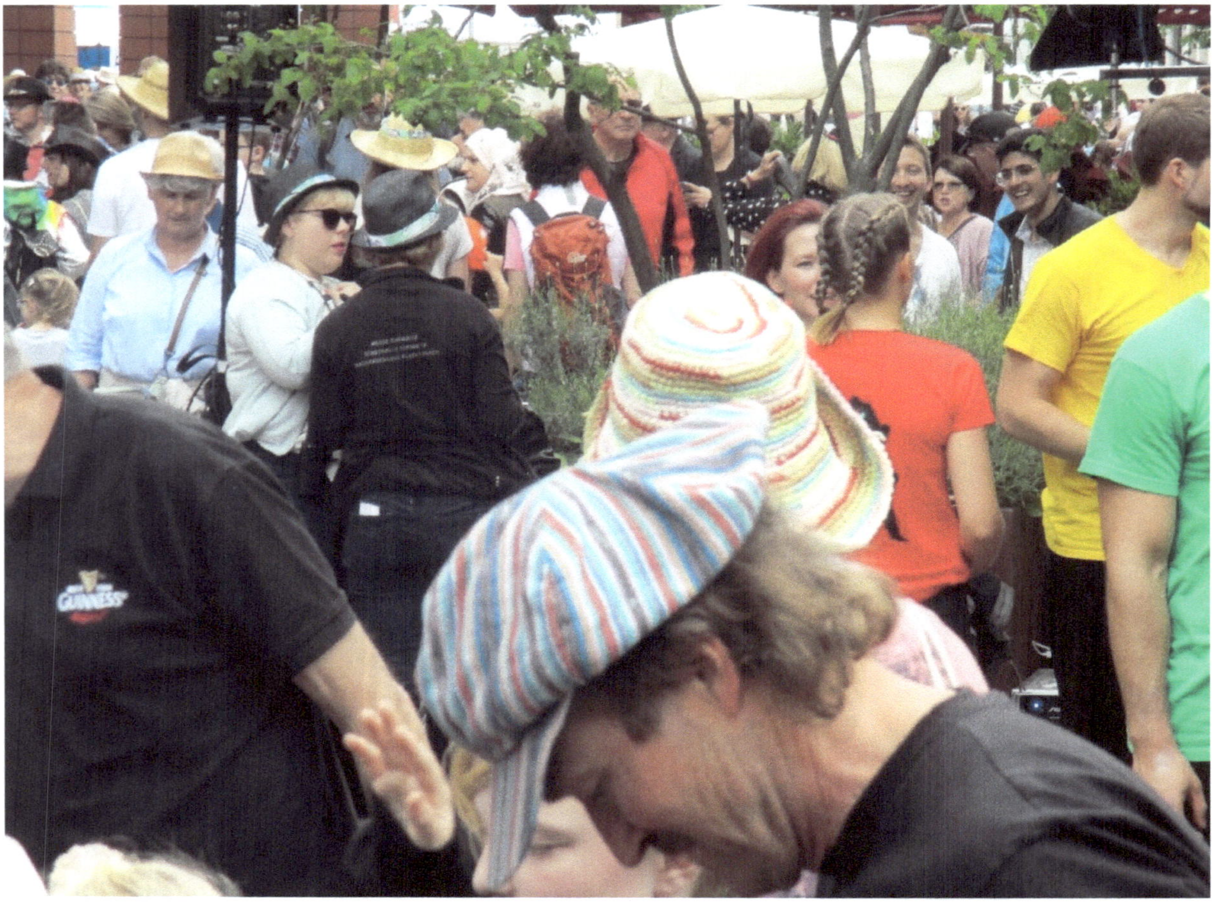
GUINNESS

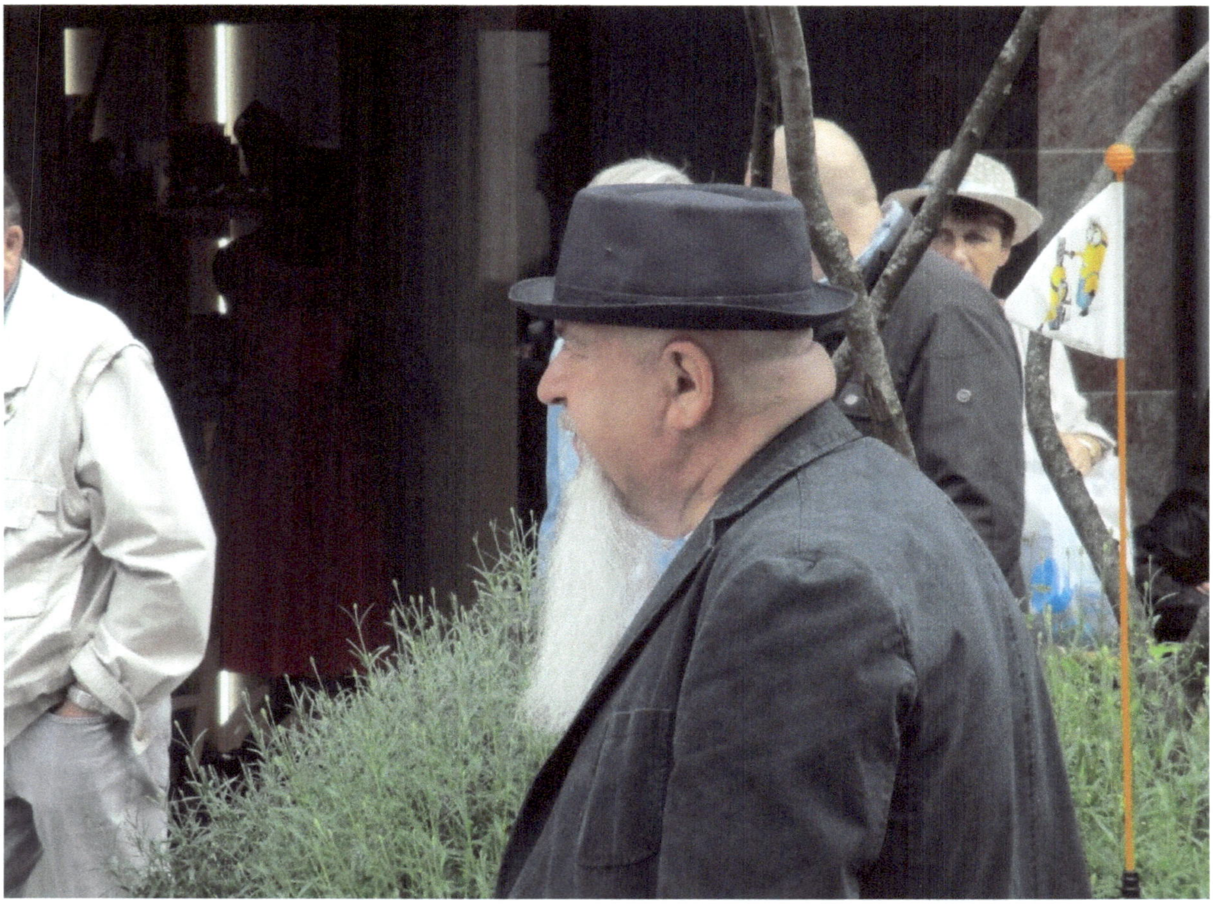

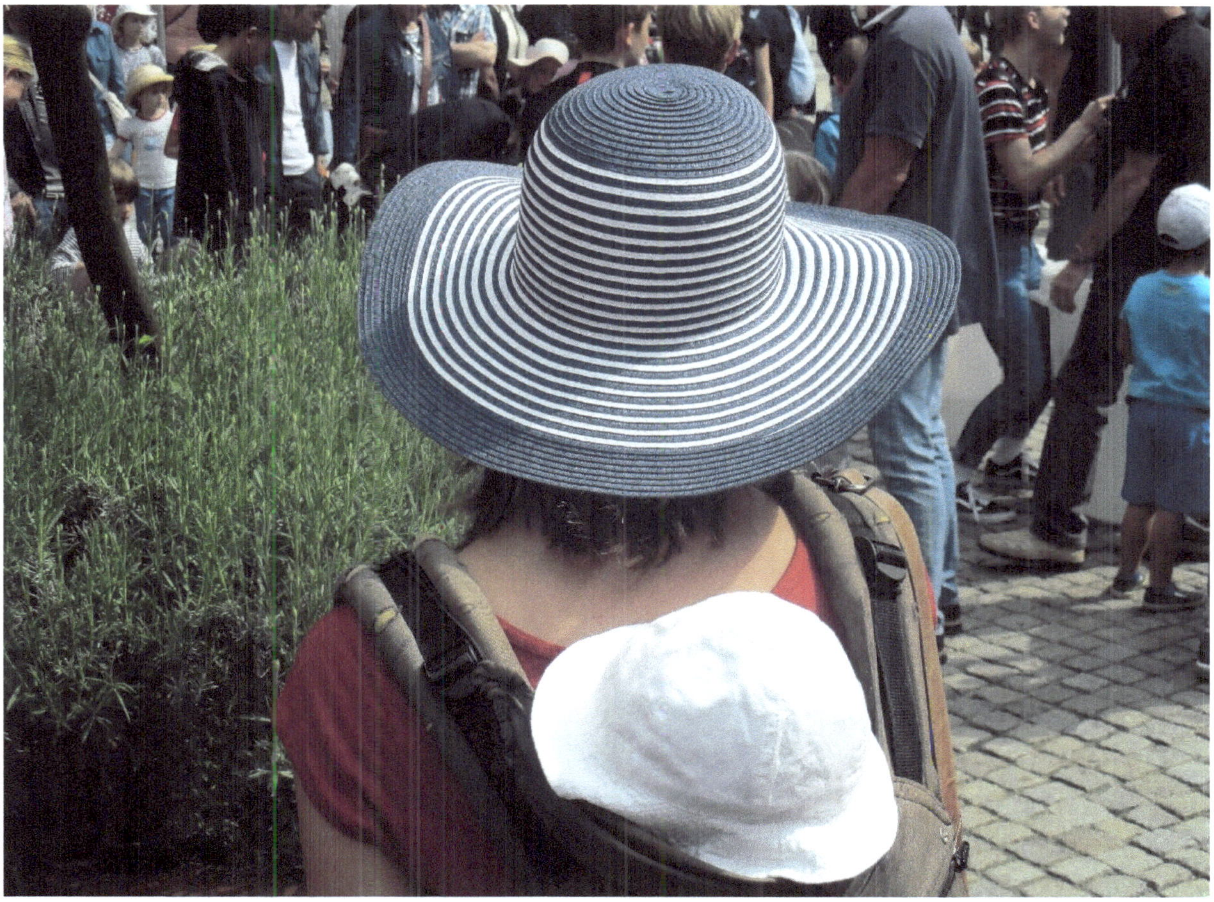

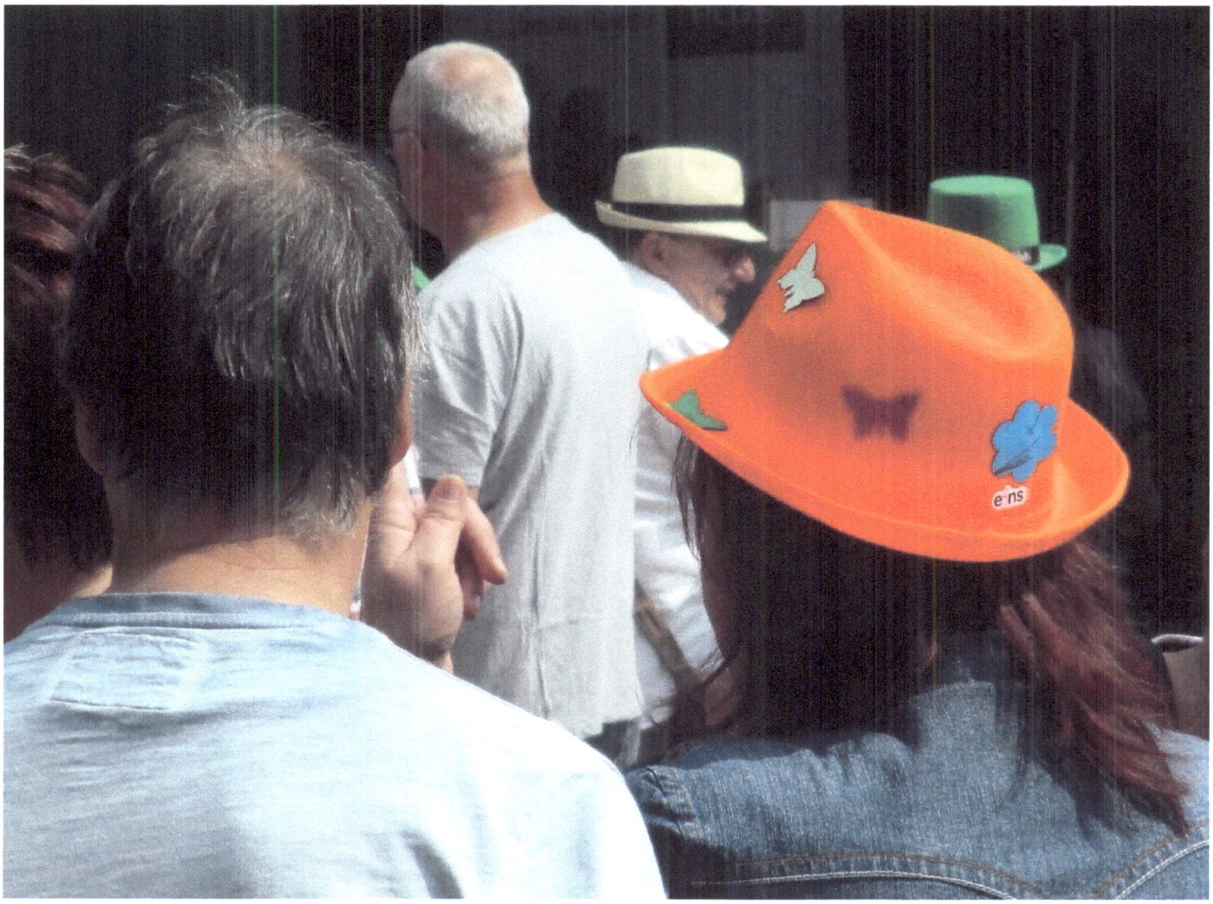

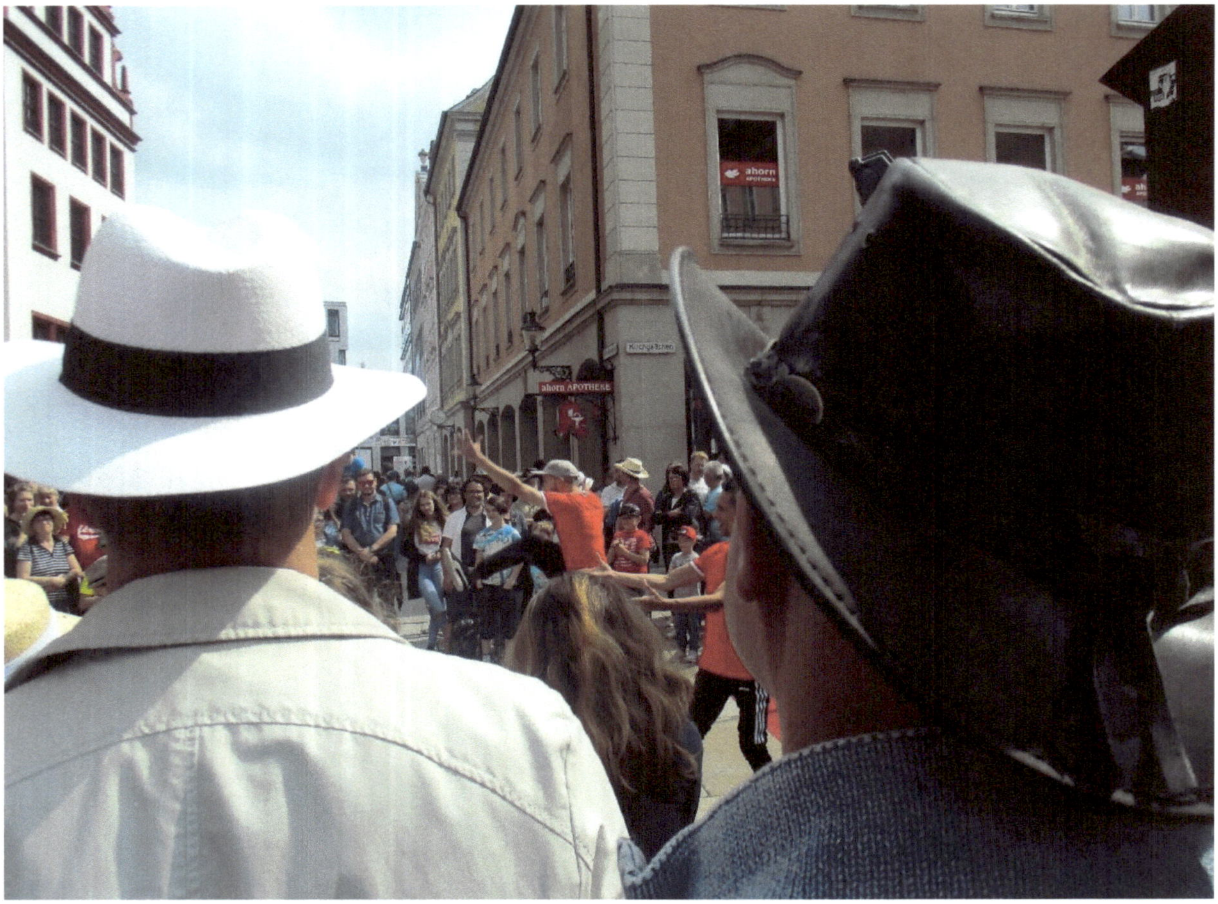
ahorn APOTHEKE

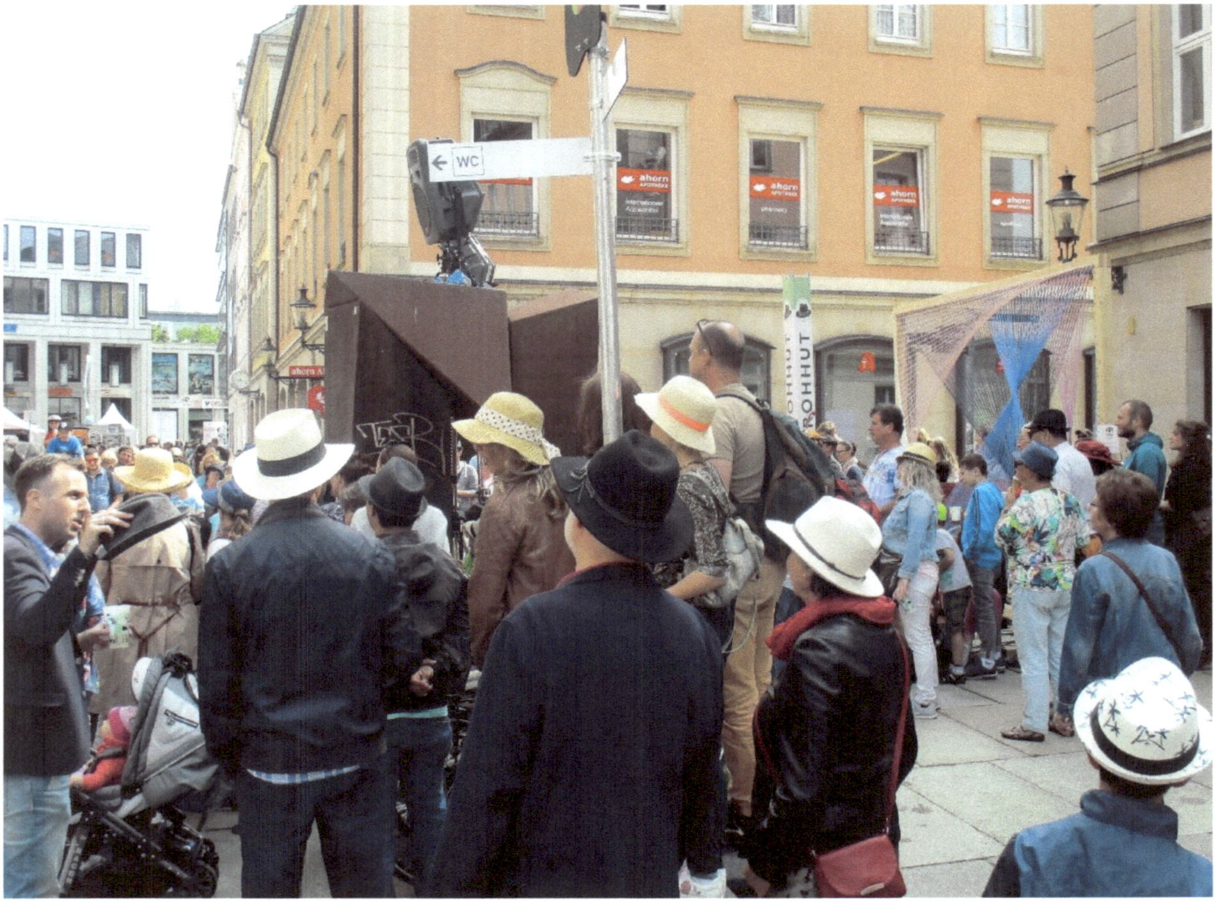
WC
ahorn APOTHEKE
ROHHUT

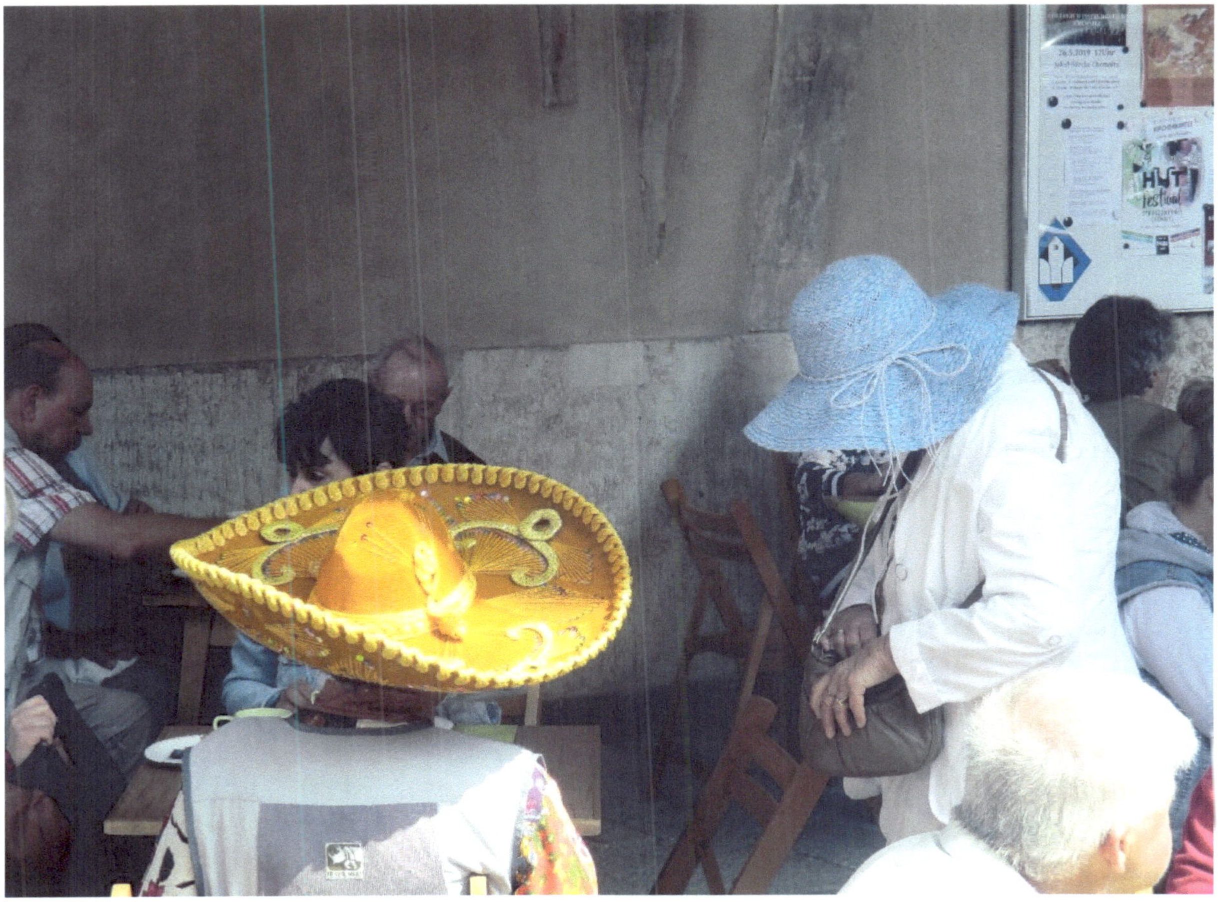
26.5.2019 17Uhr
HUT
festival

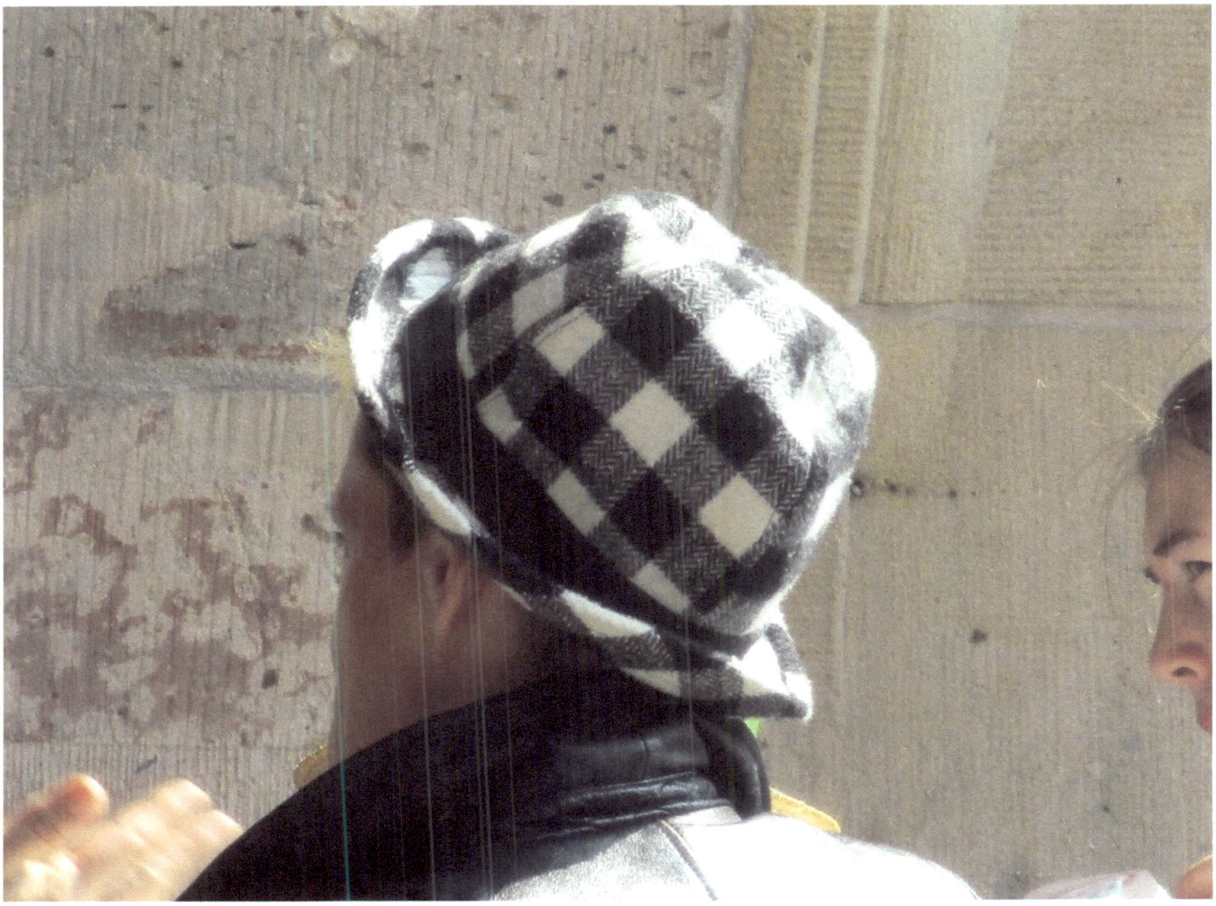

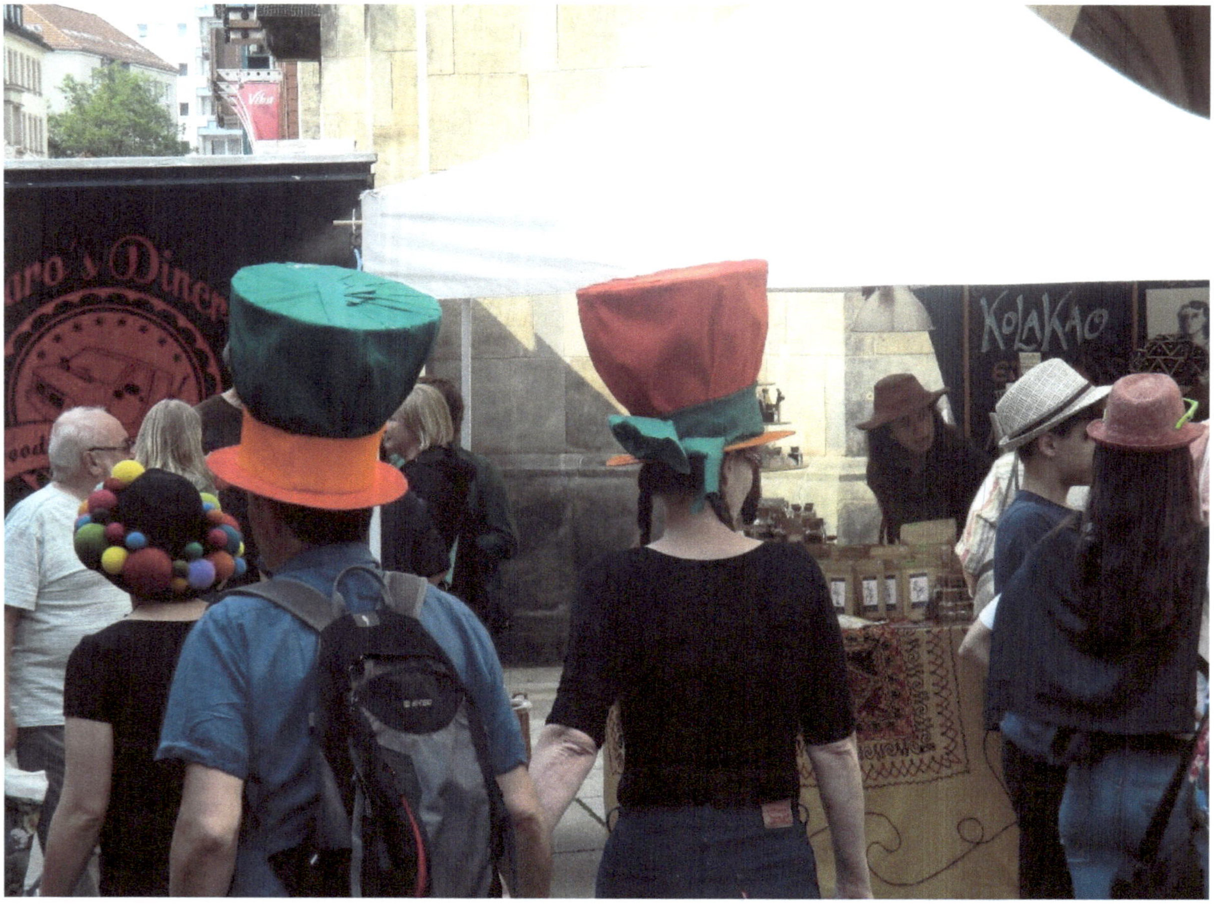
KOLAKAO

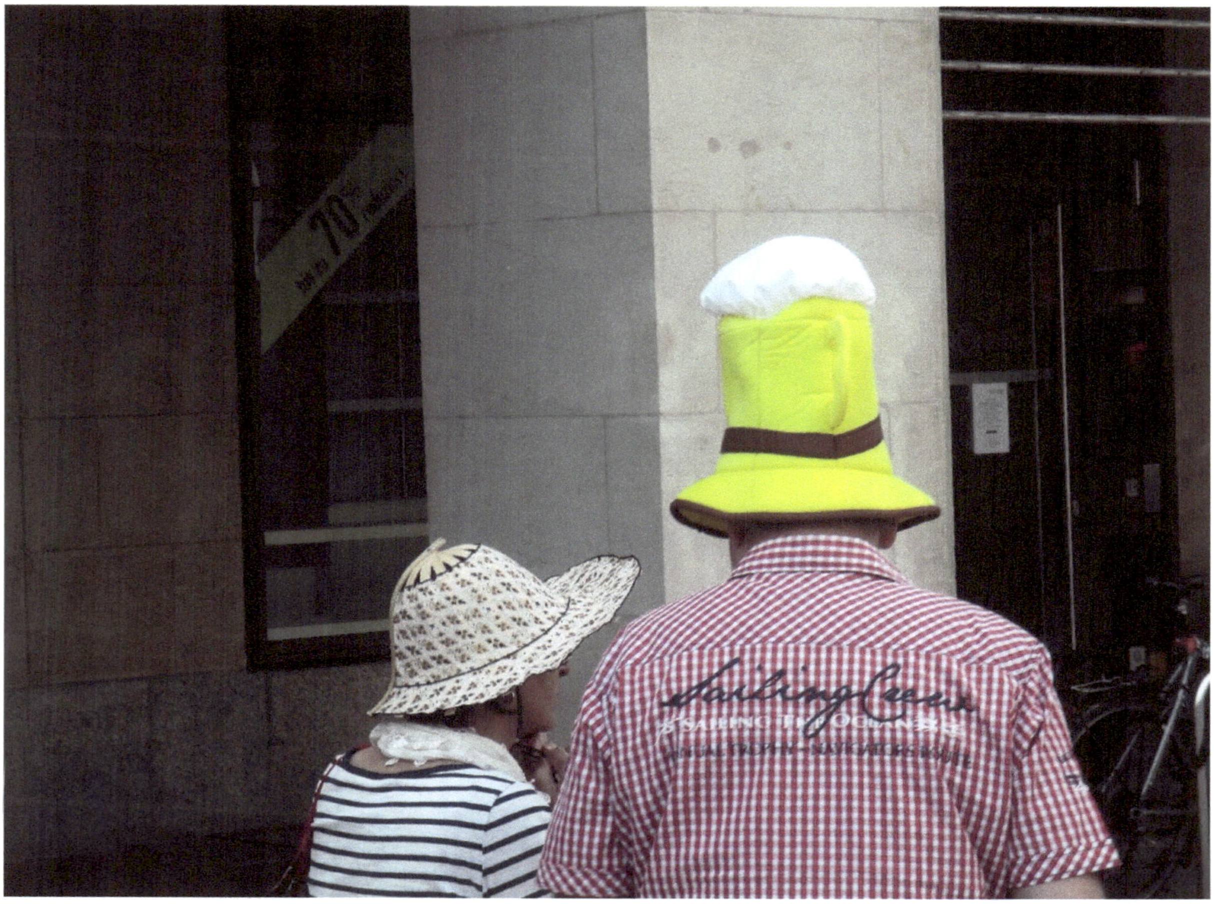

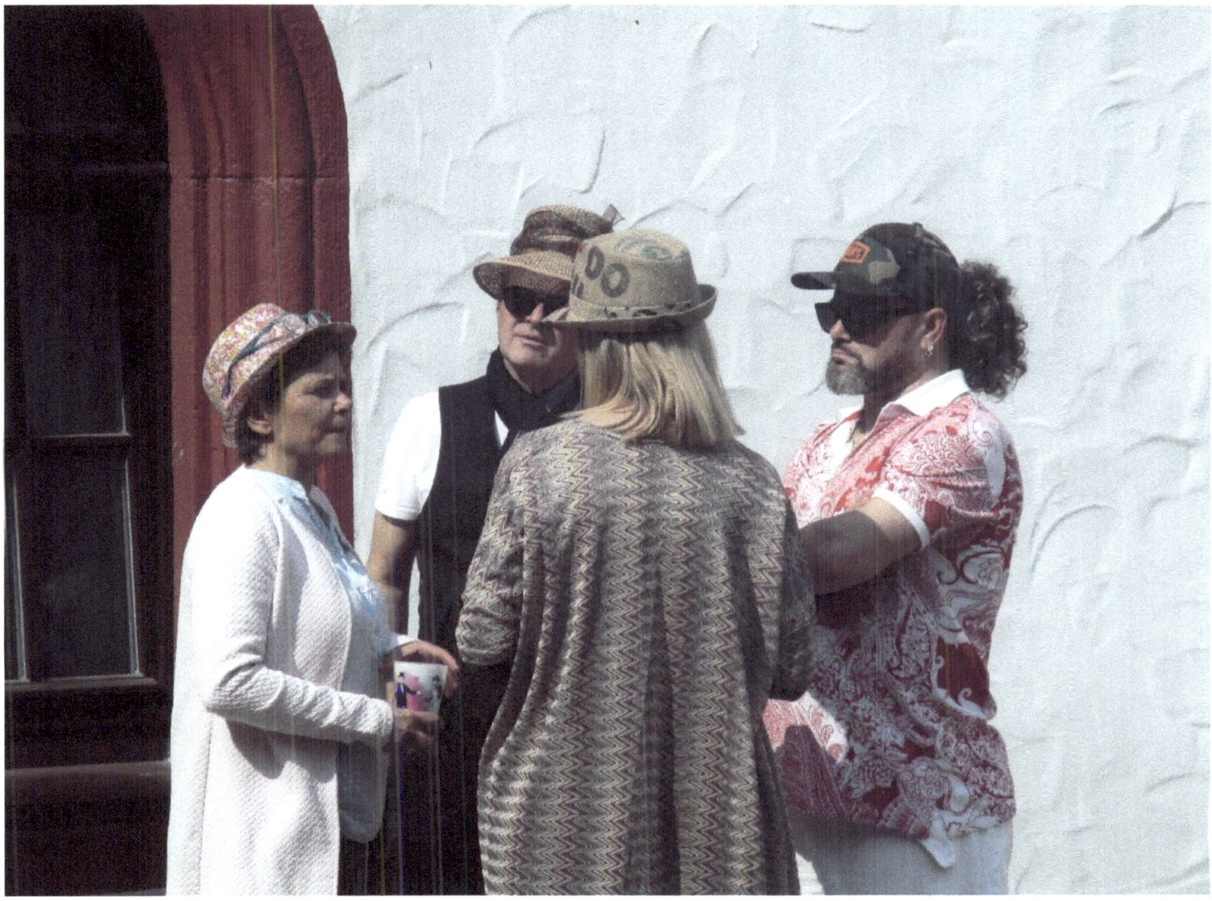

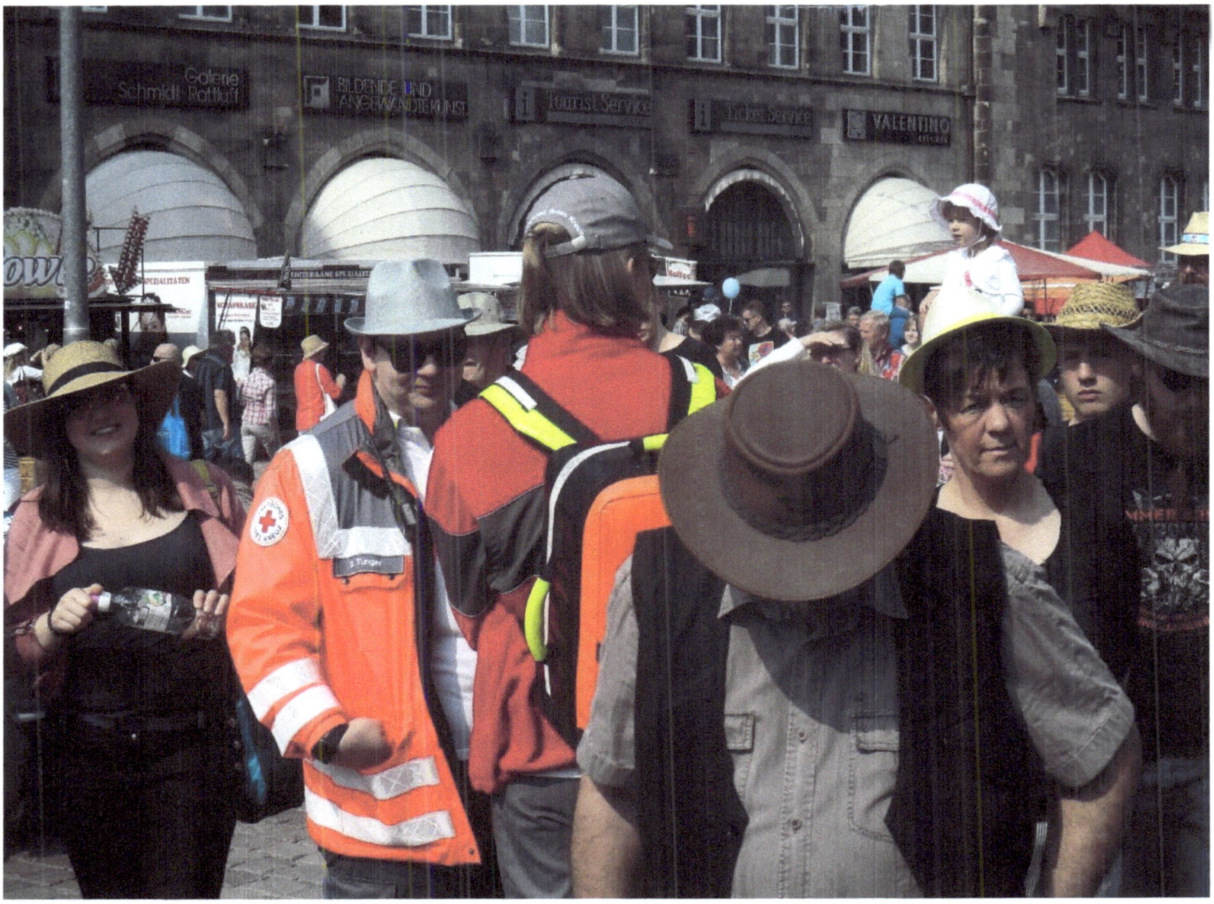
Galerie
Schmidt-Rottluff
BILDENDE UND
ANGEWANDTE KUNST
Tourist Service
VALENTINO

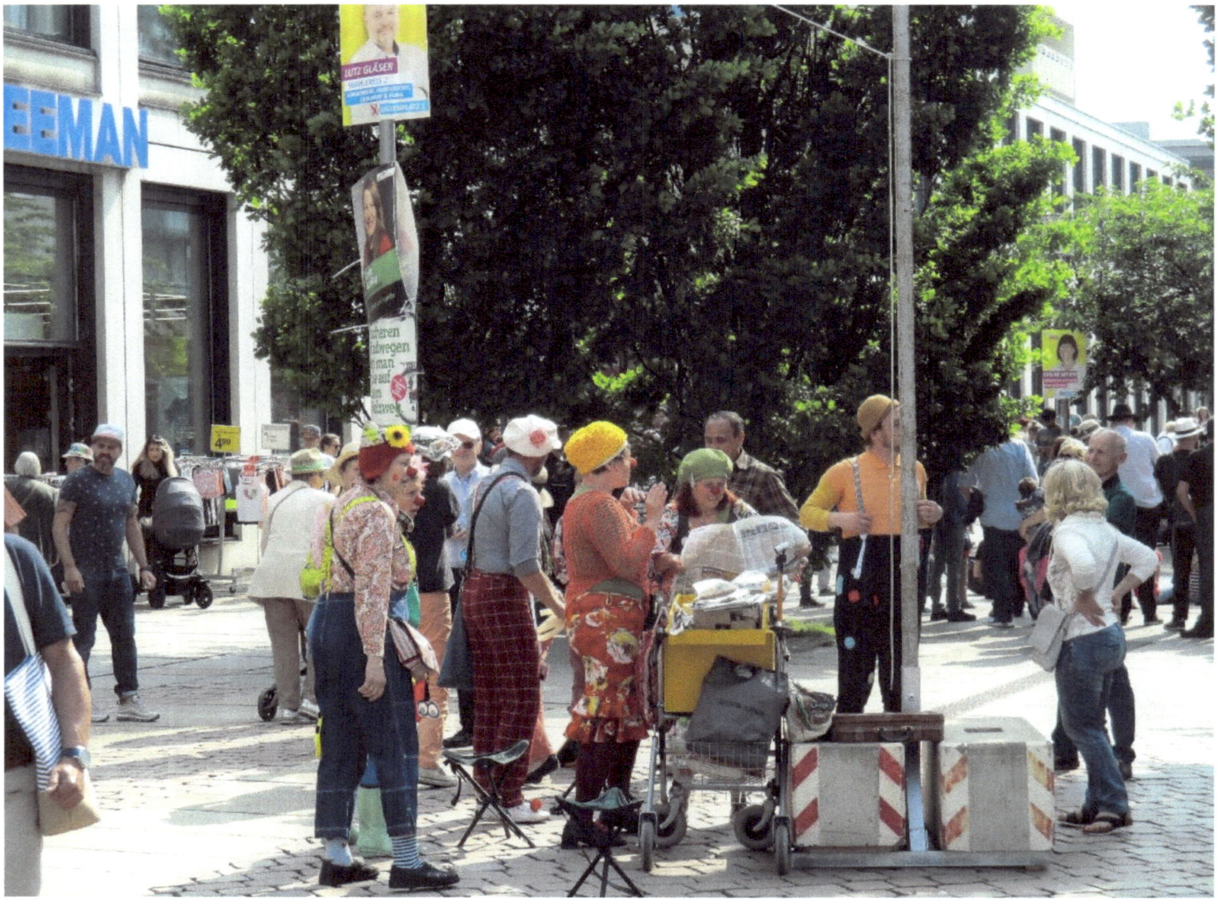
EEMAN
LUTZ GLÄSER

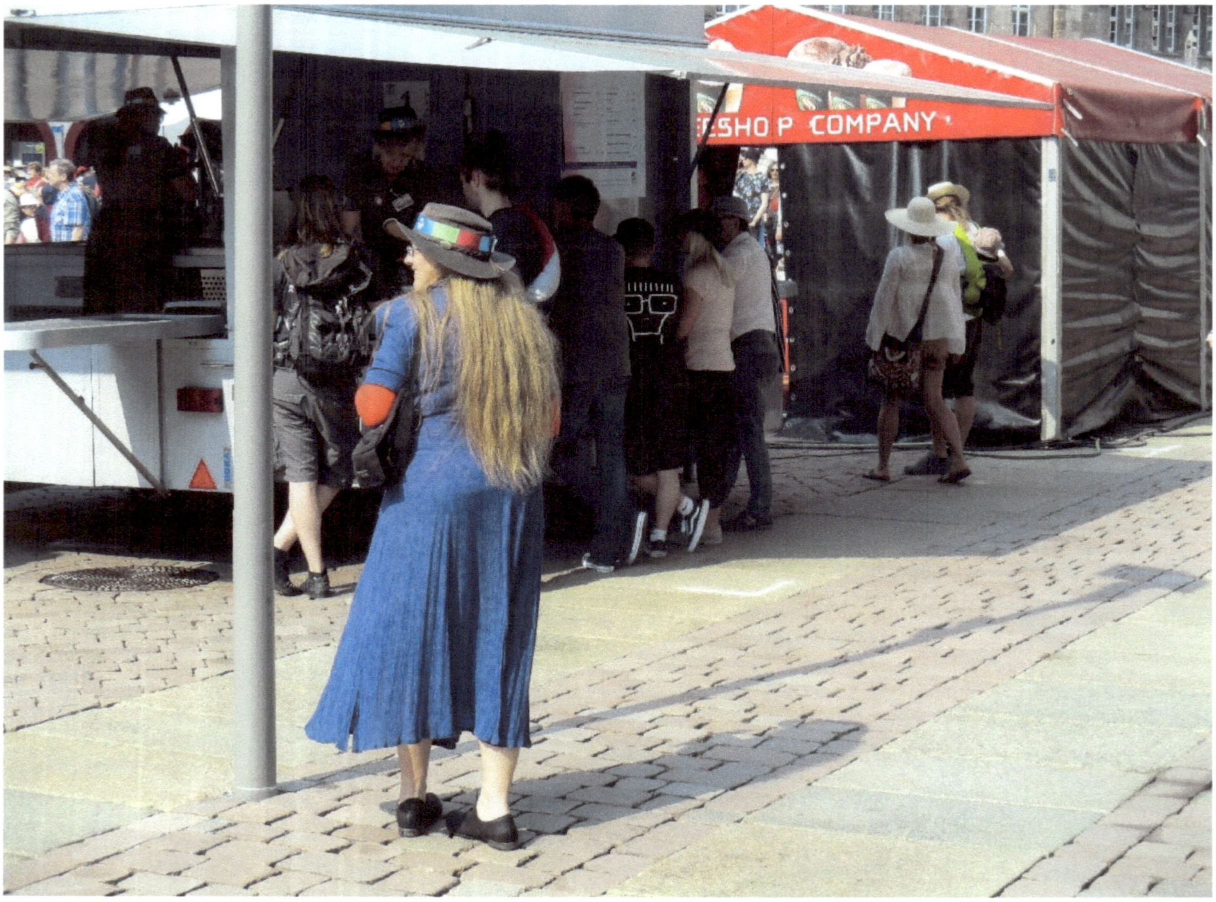
ESHO P COMPANY

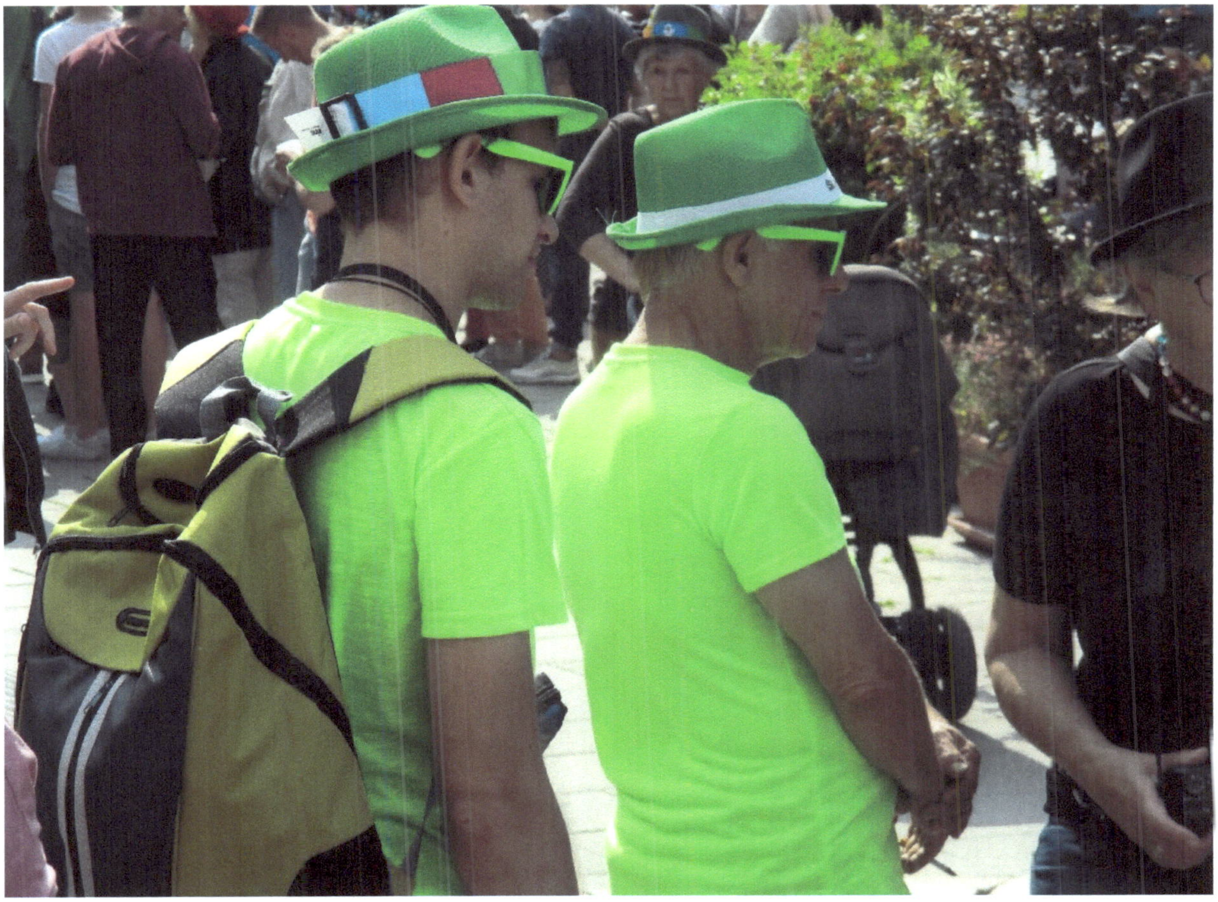

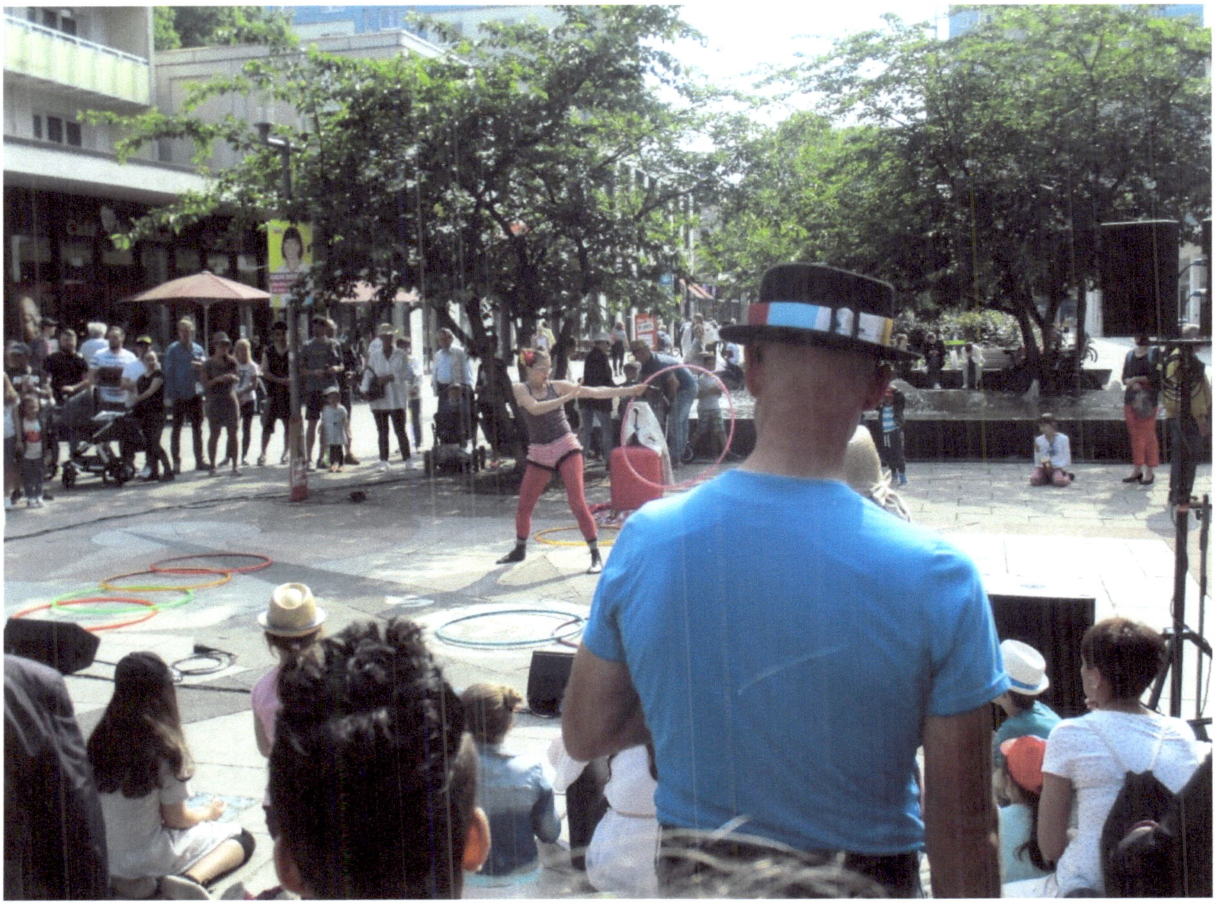

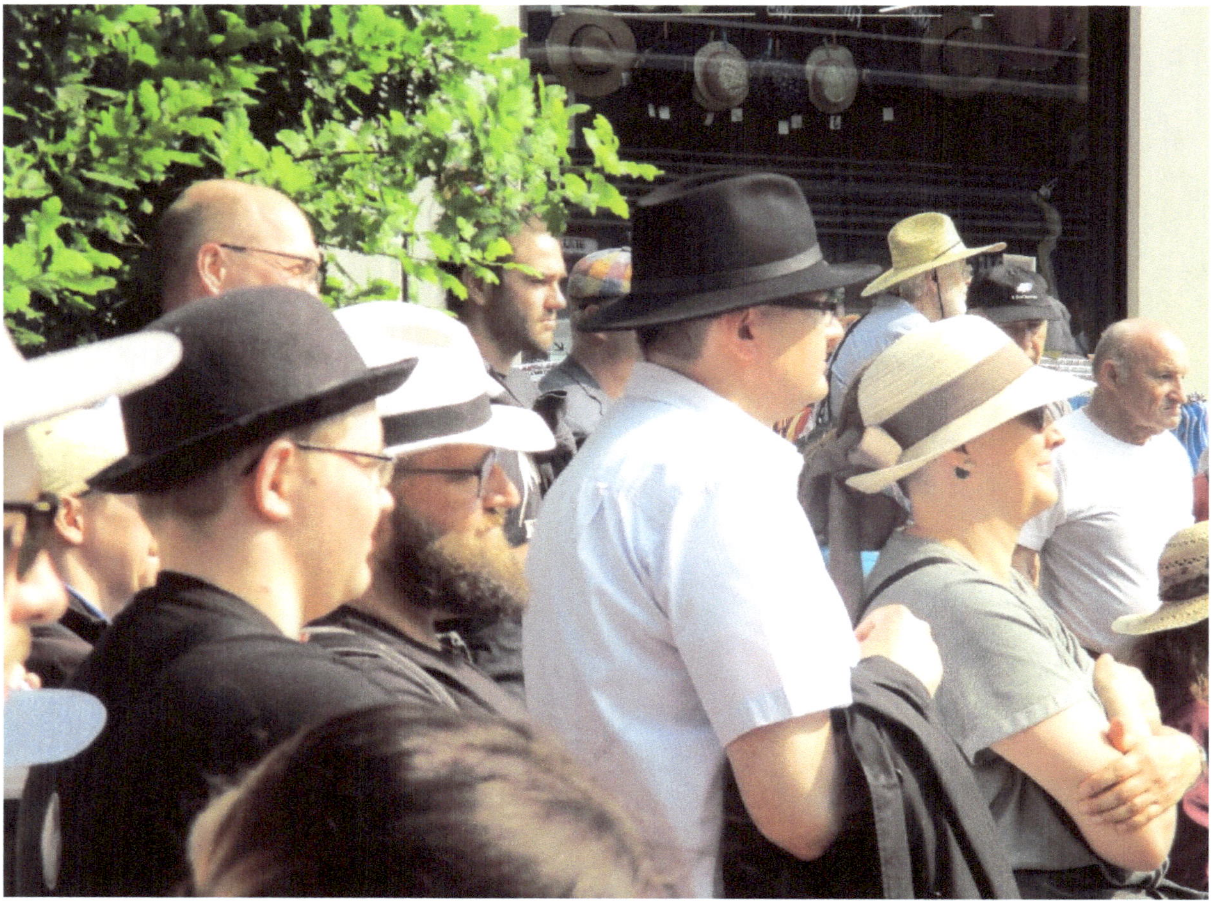

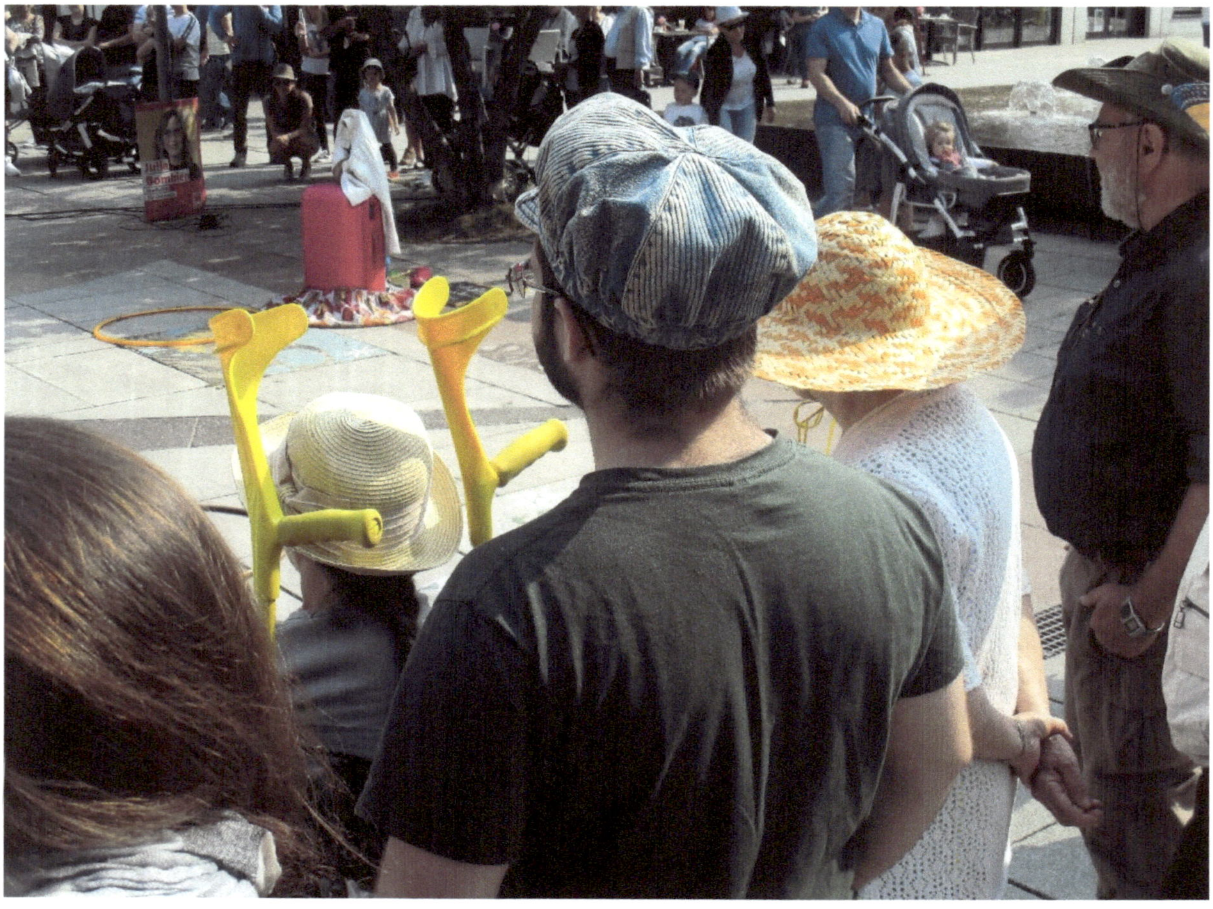

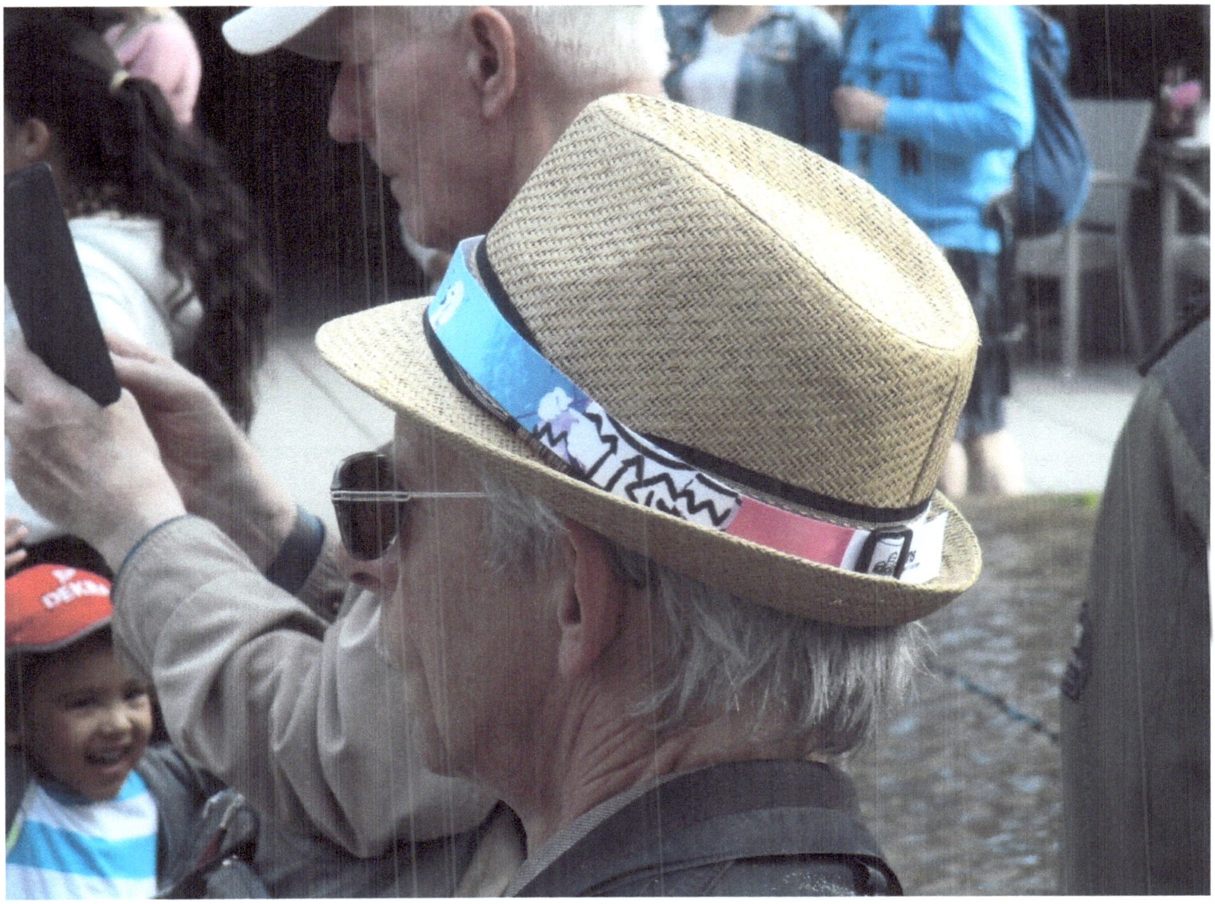

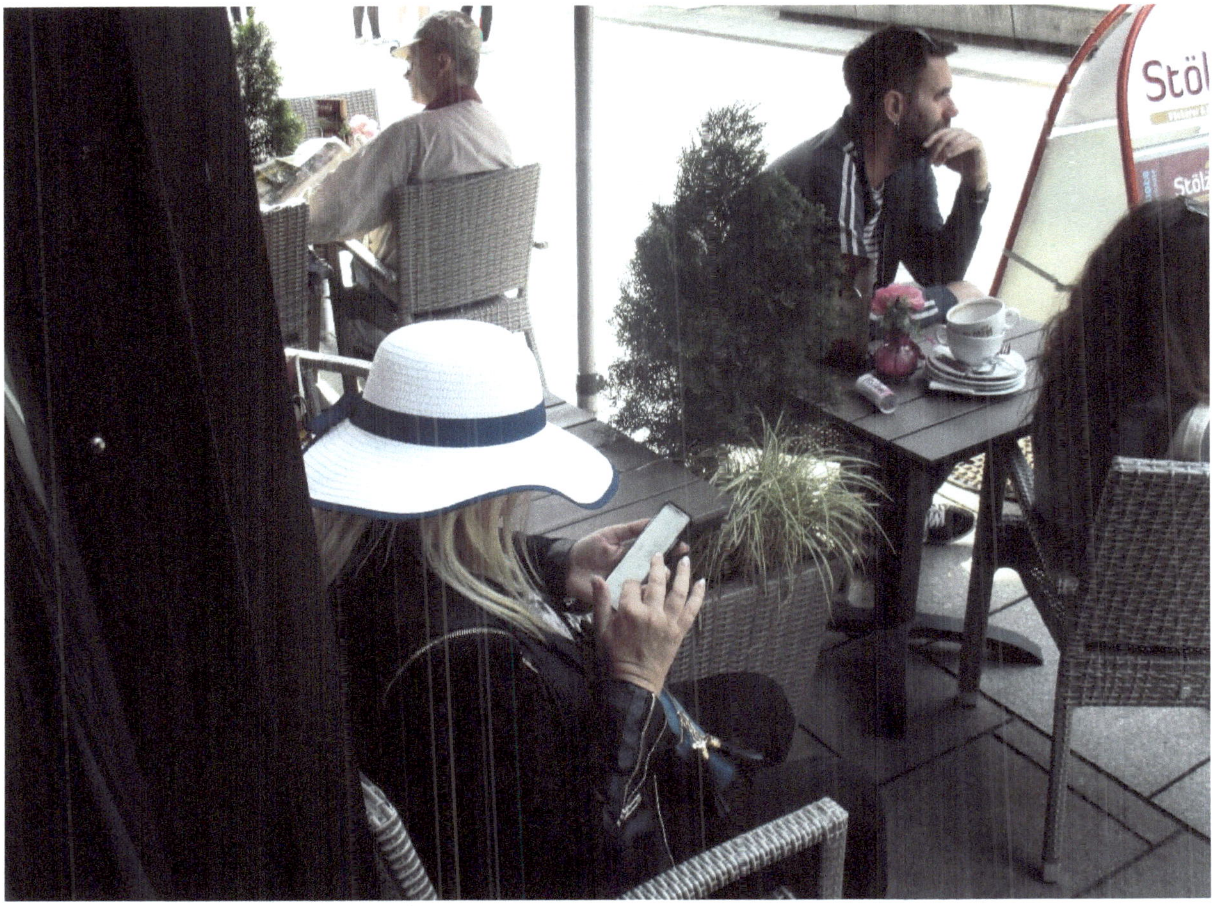

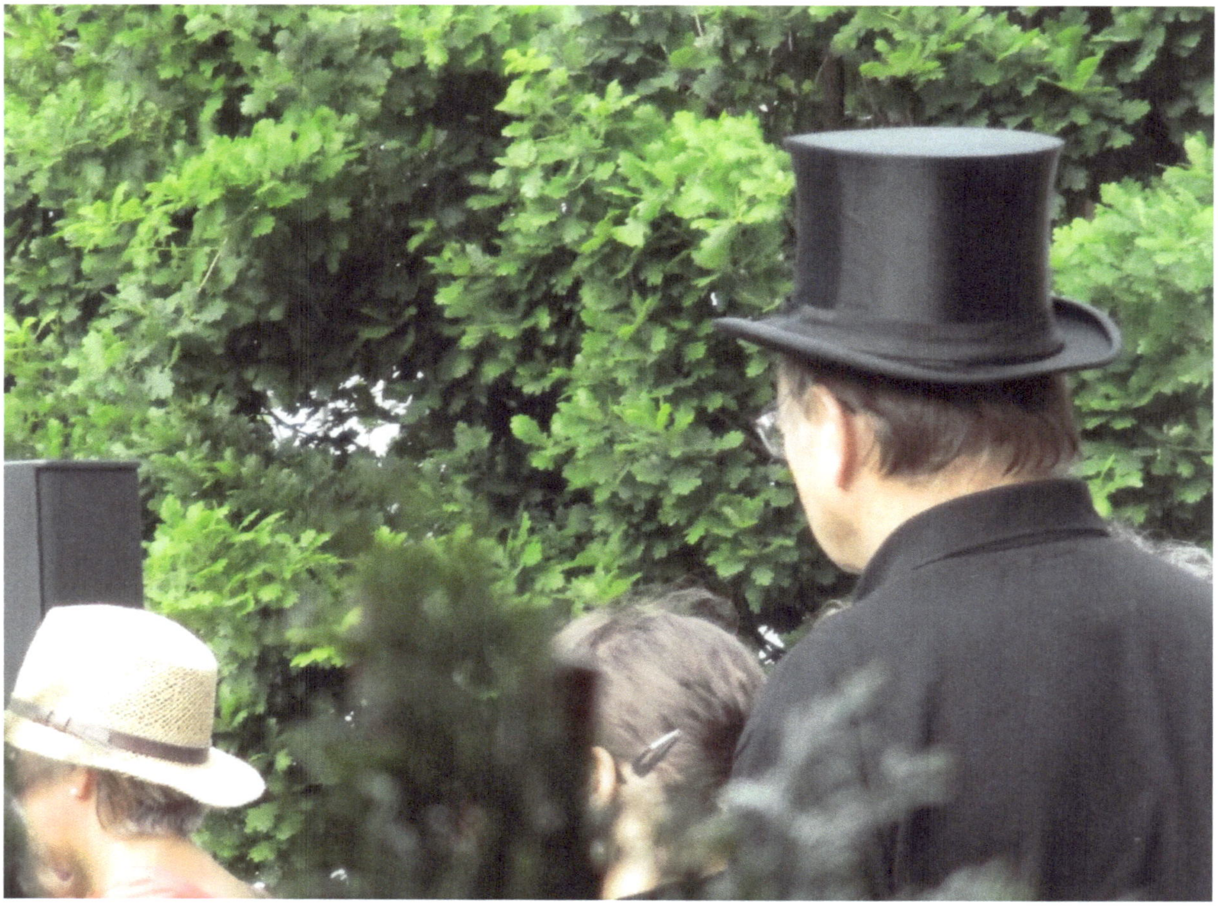

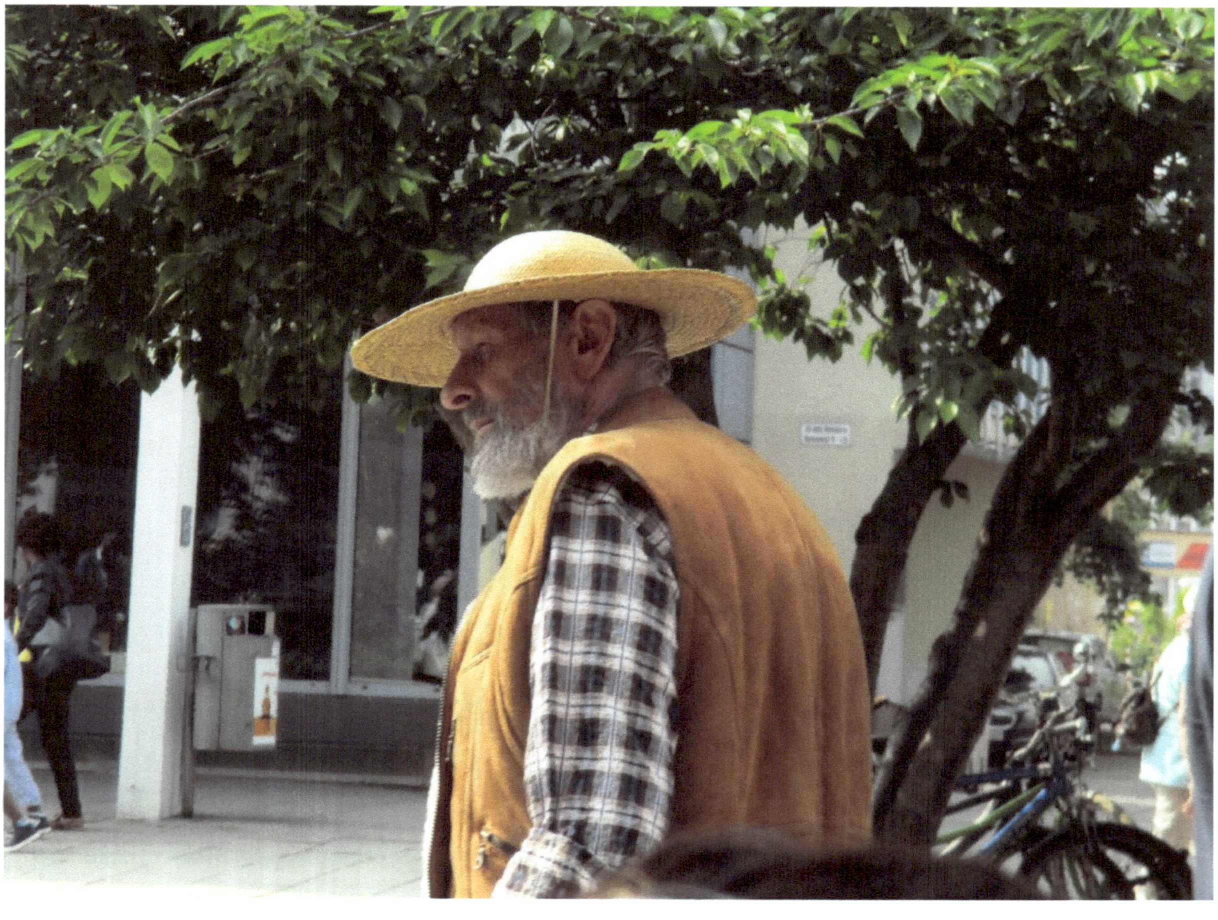

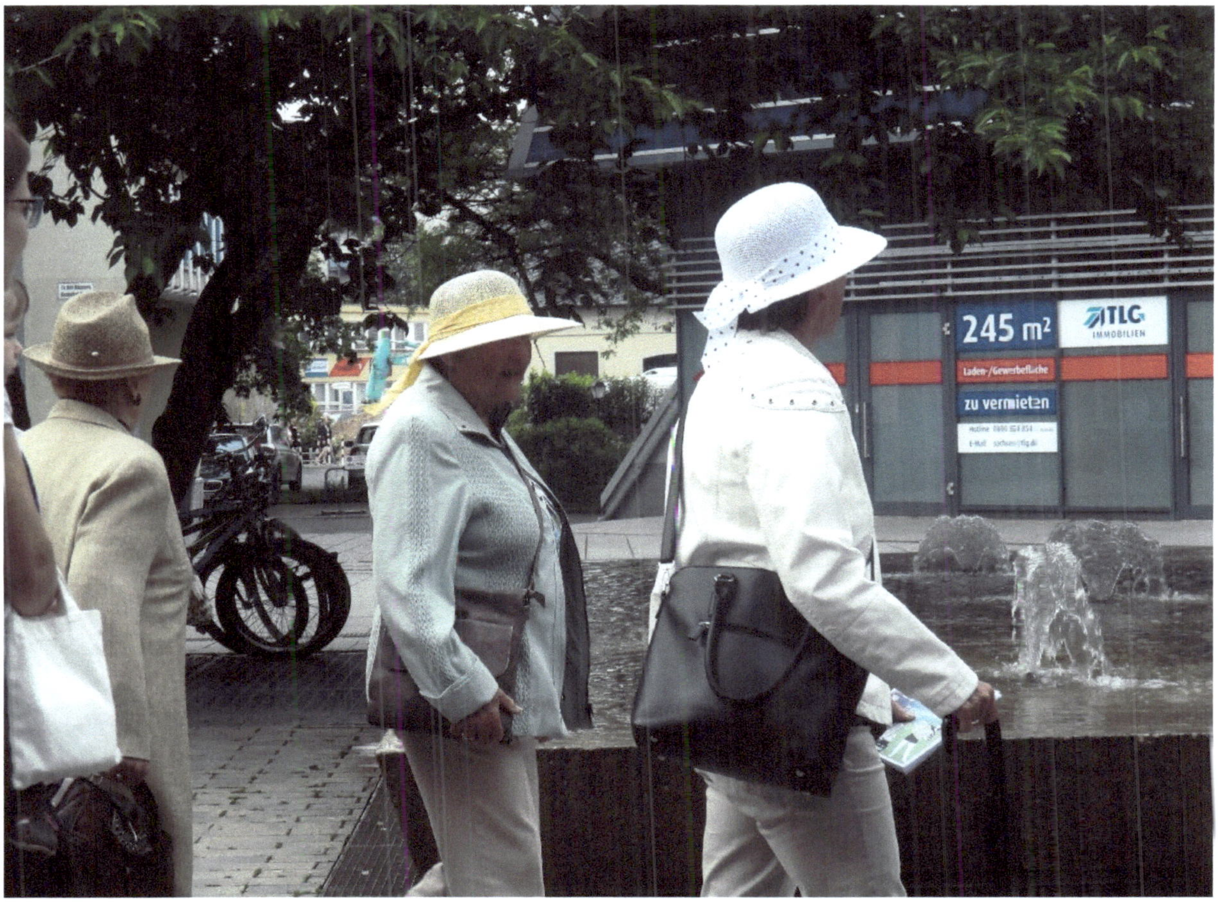
245 m²
TLG
IMMOBILIEN
Laden-/Gewerbefläche
zu vermieten

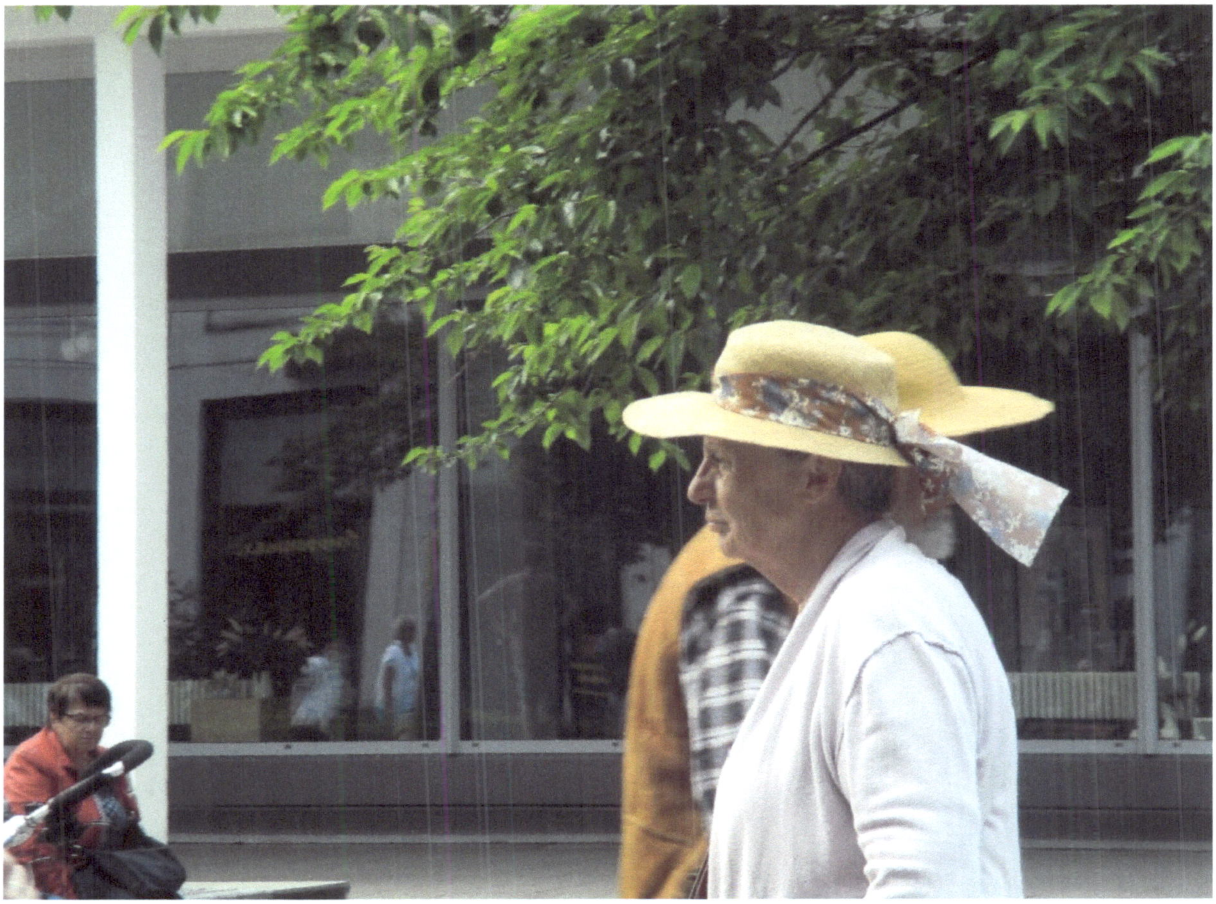

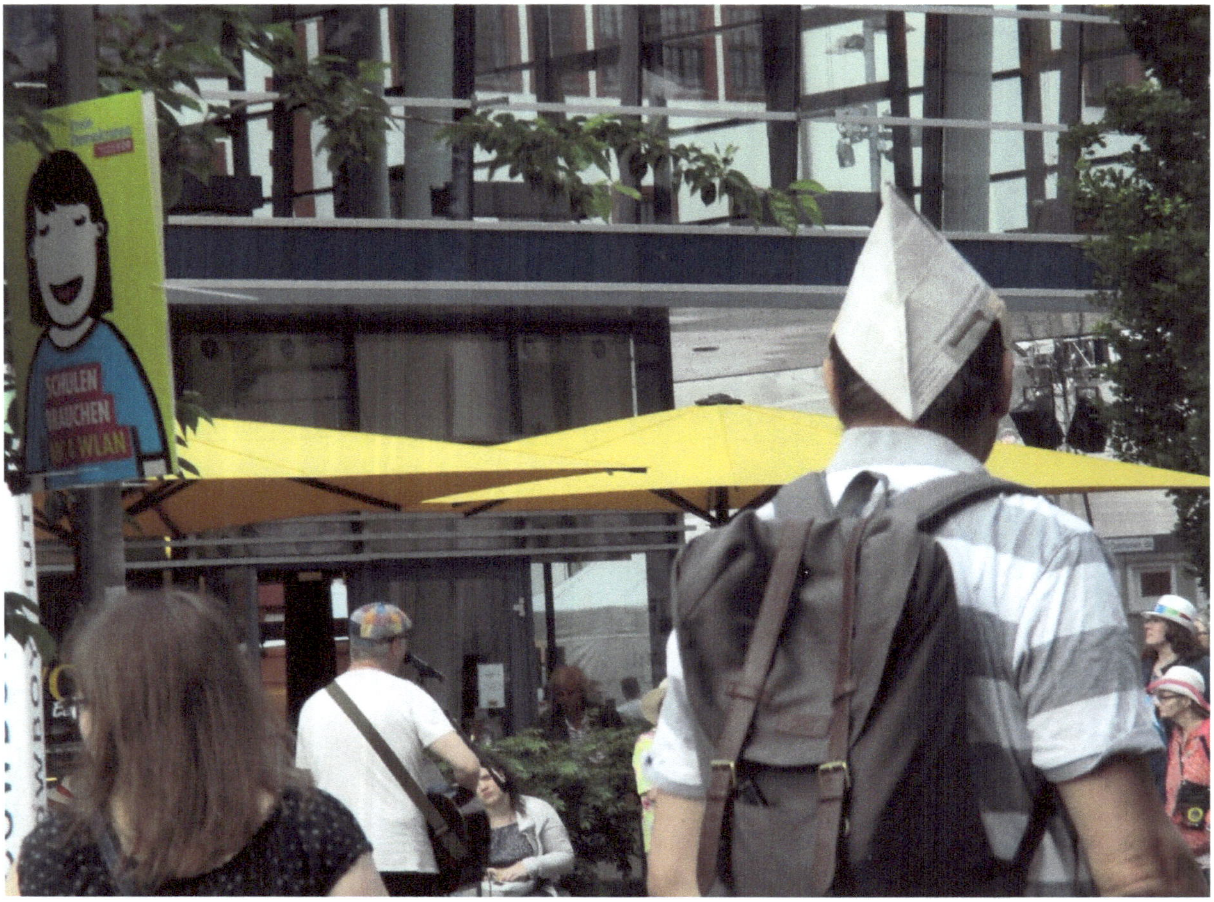

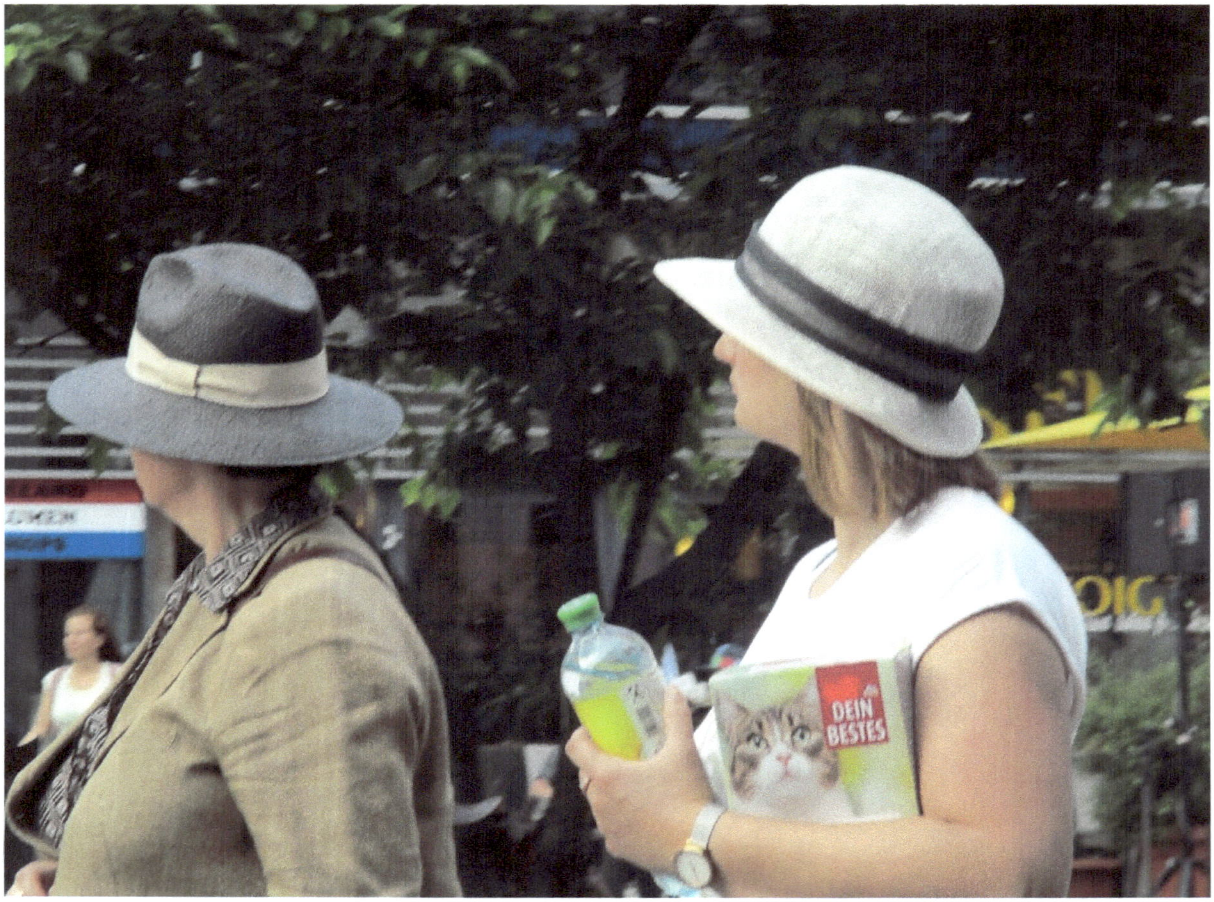
DEIN
BESTES

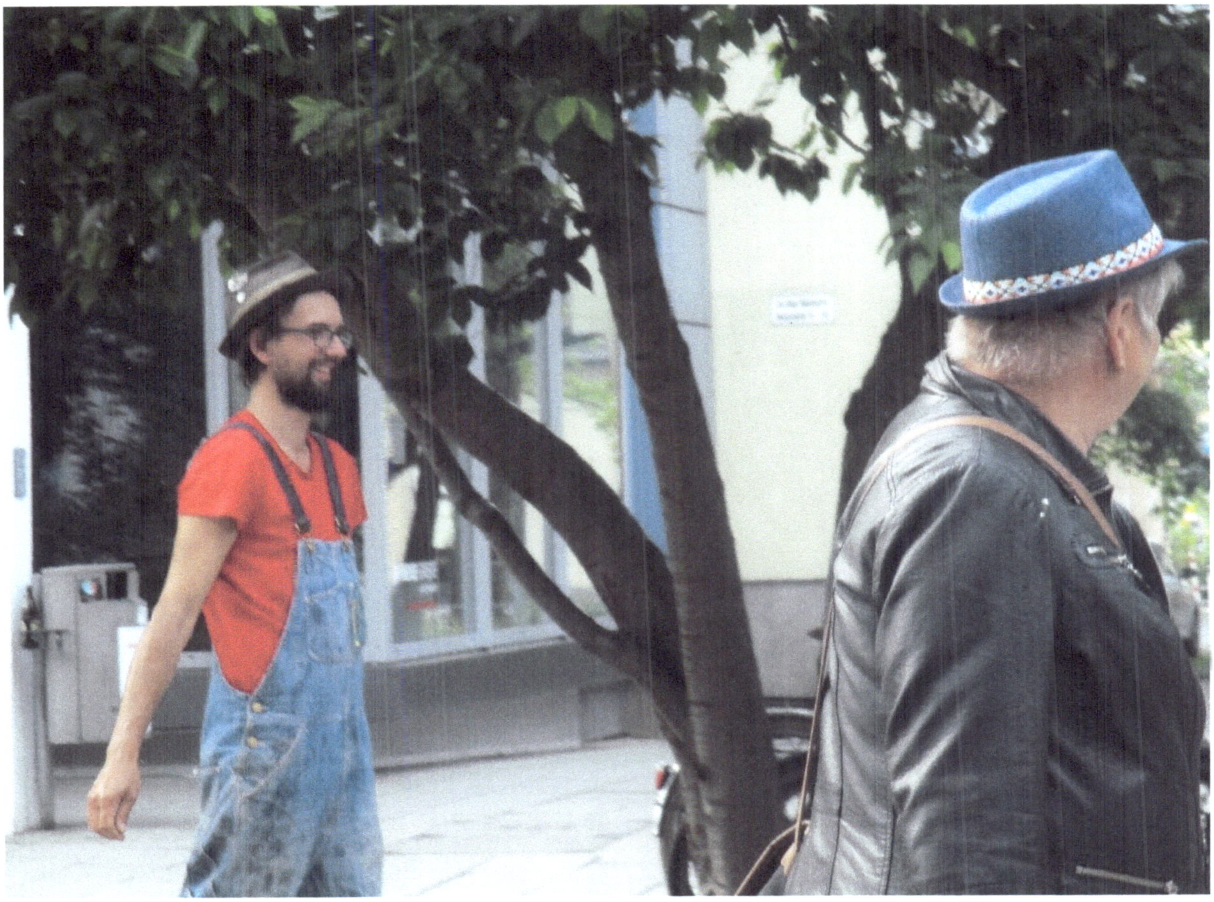

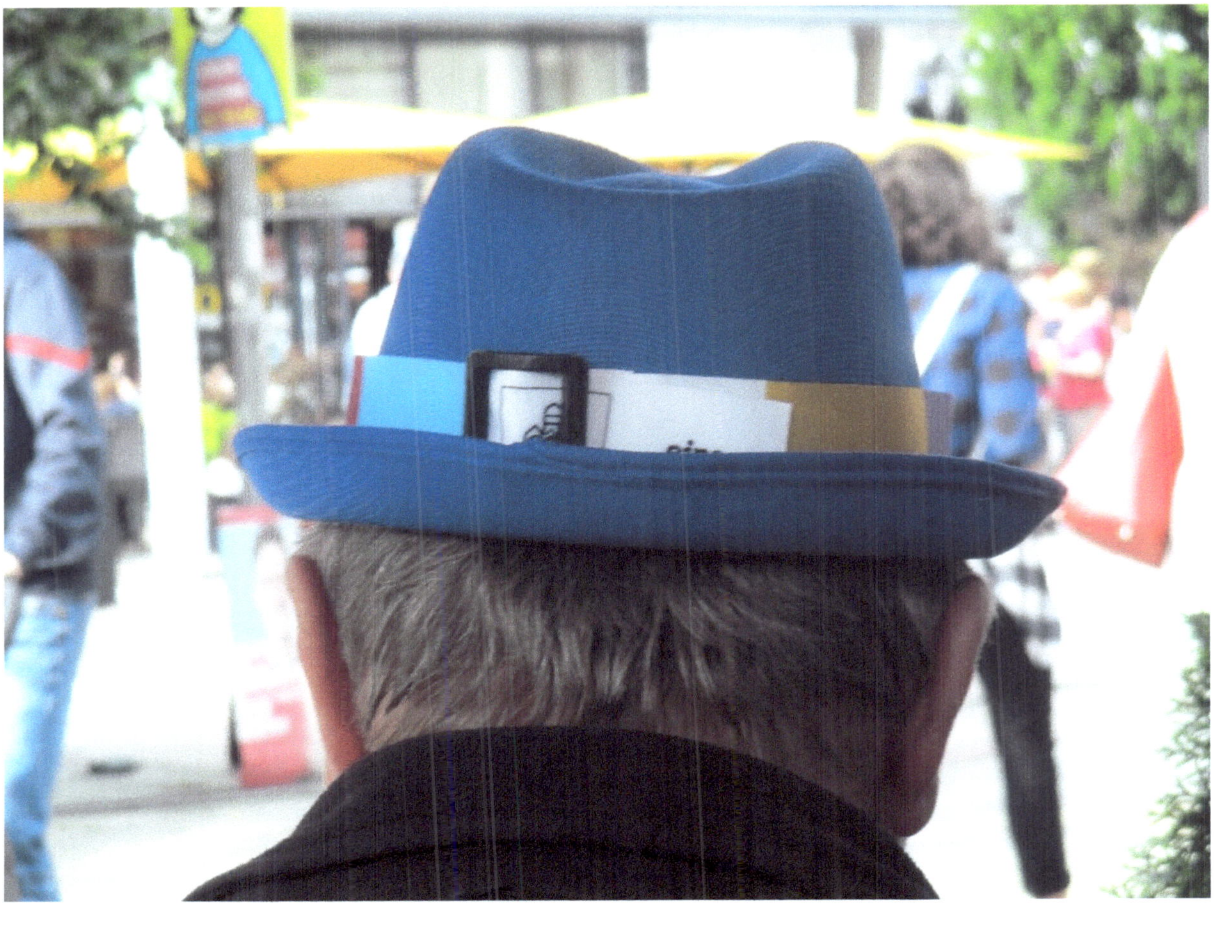

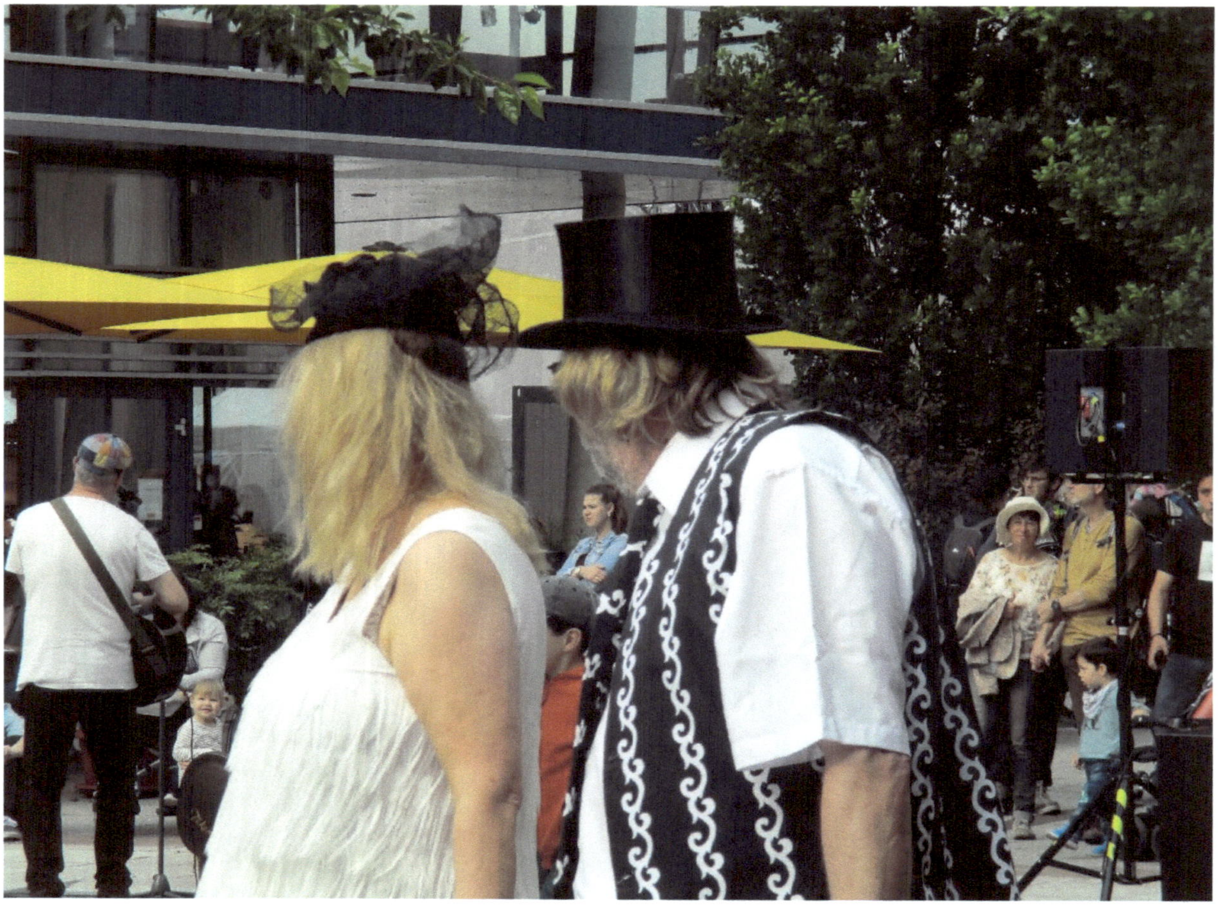

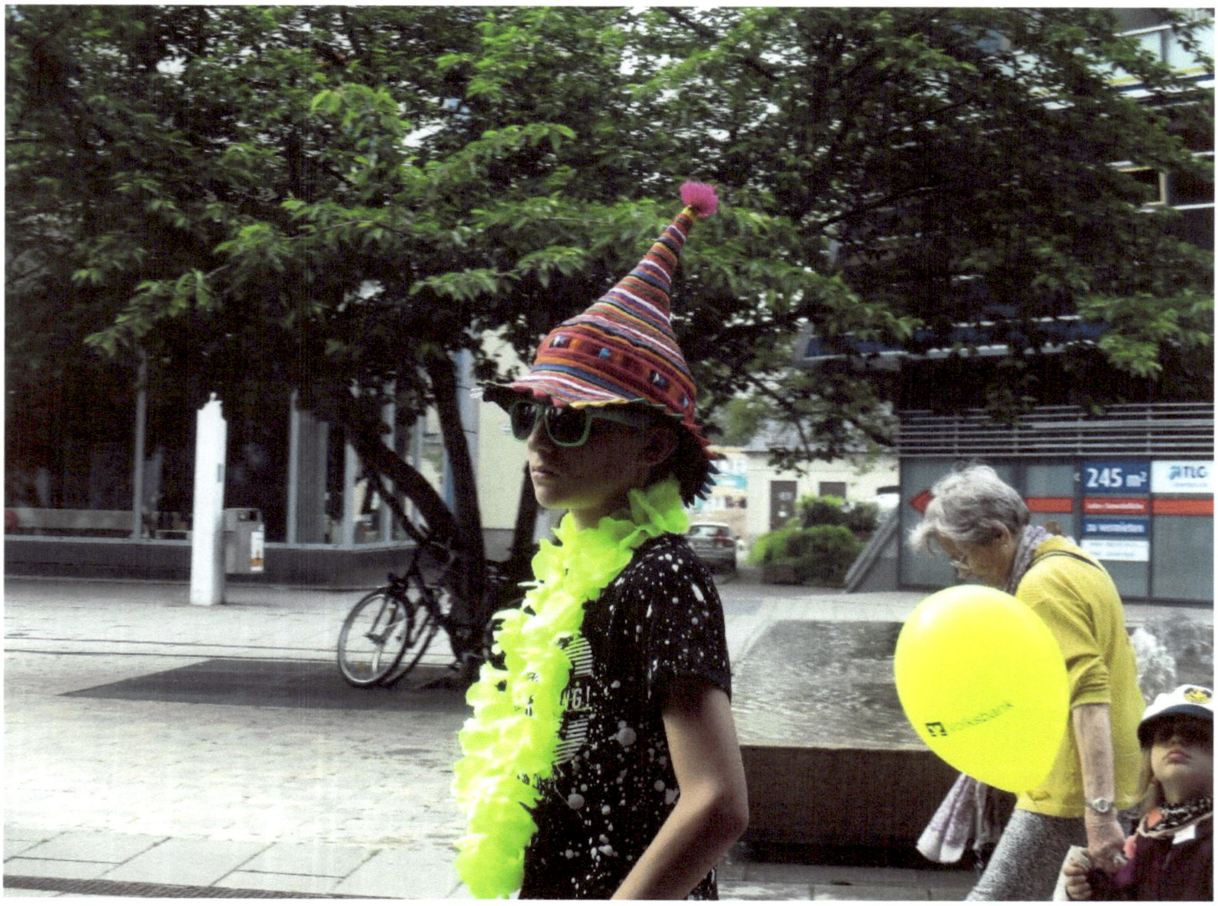
245 m²
TLC

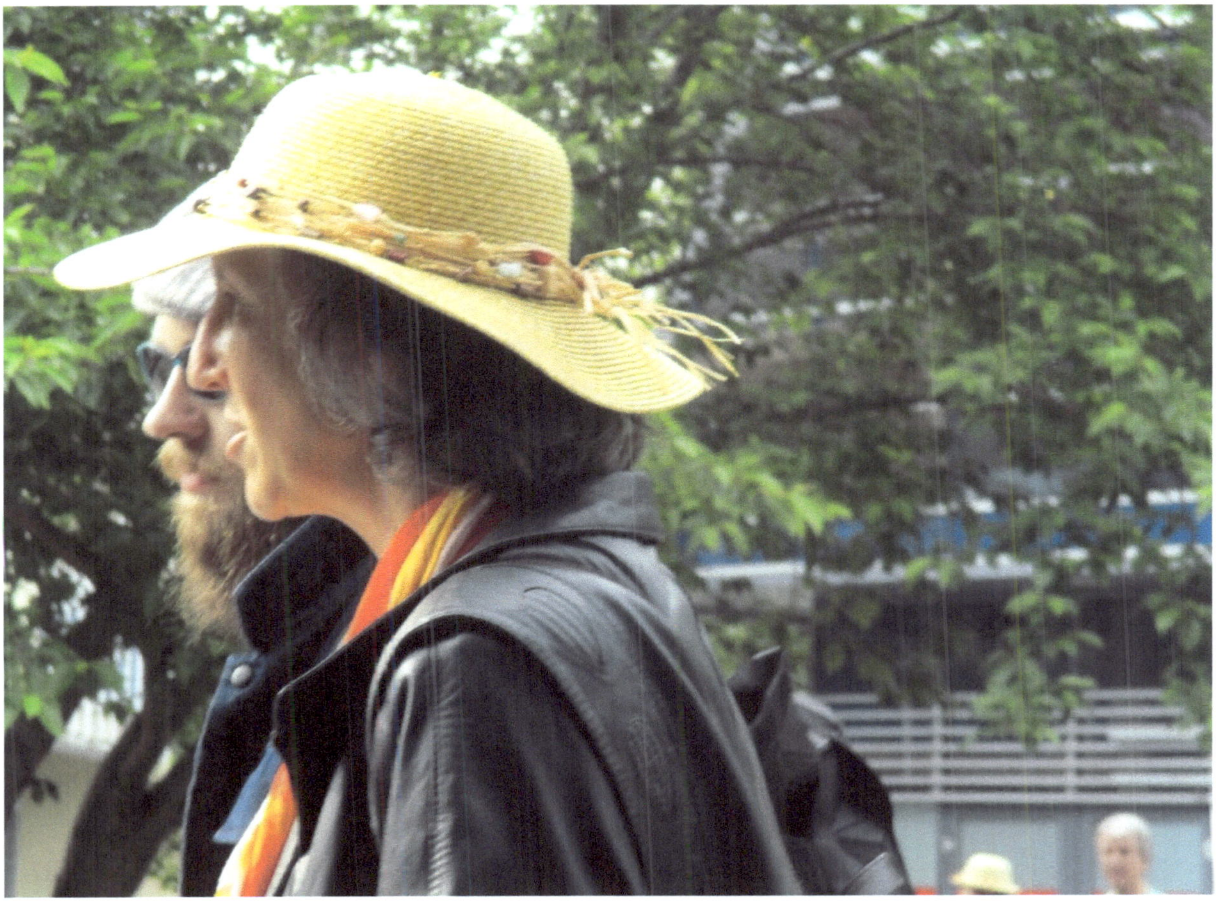

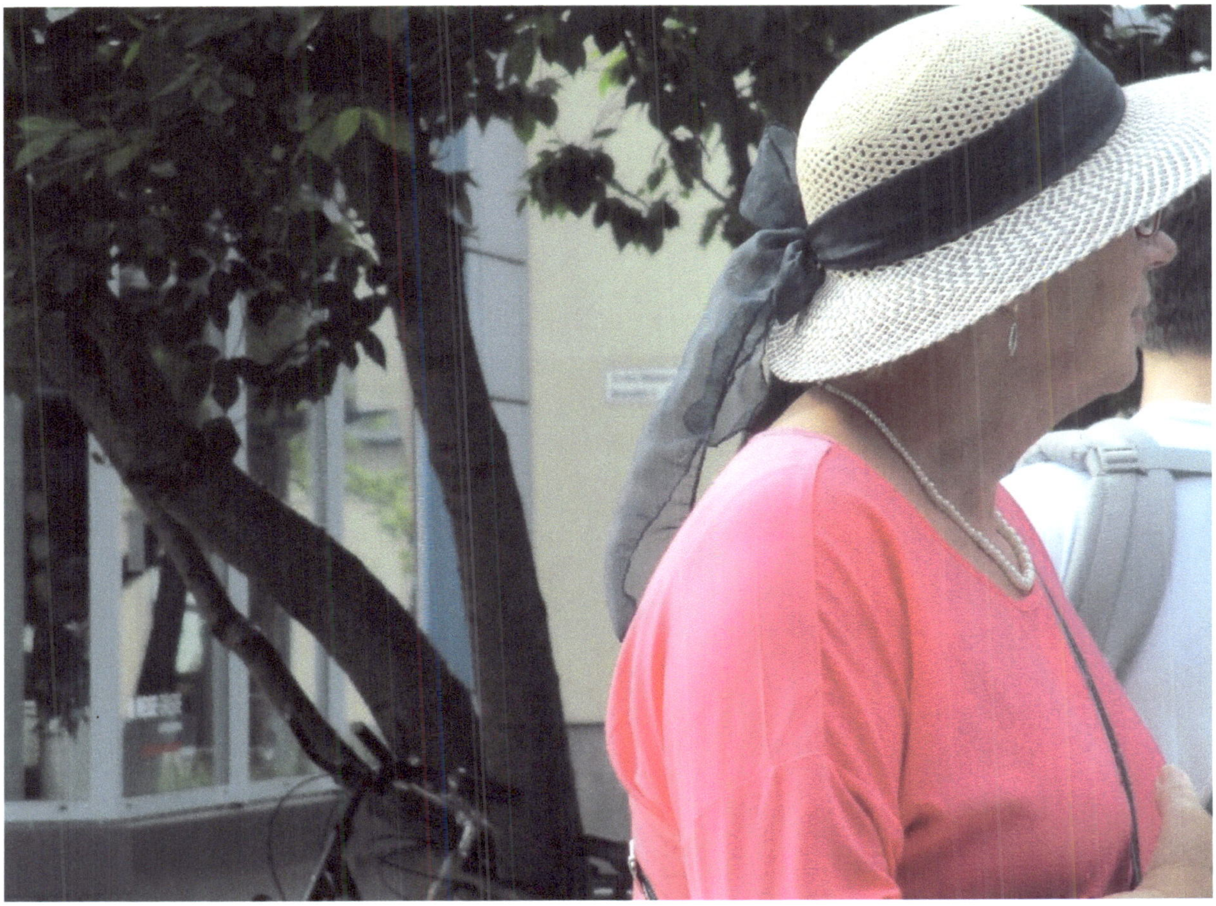

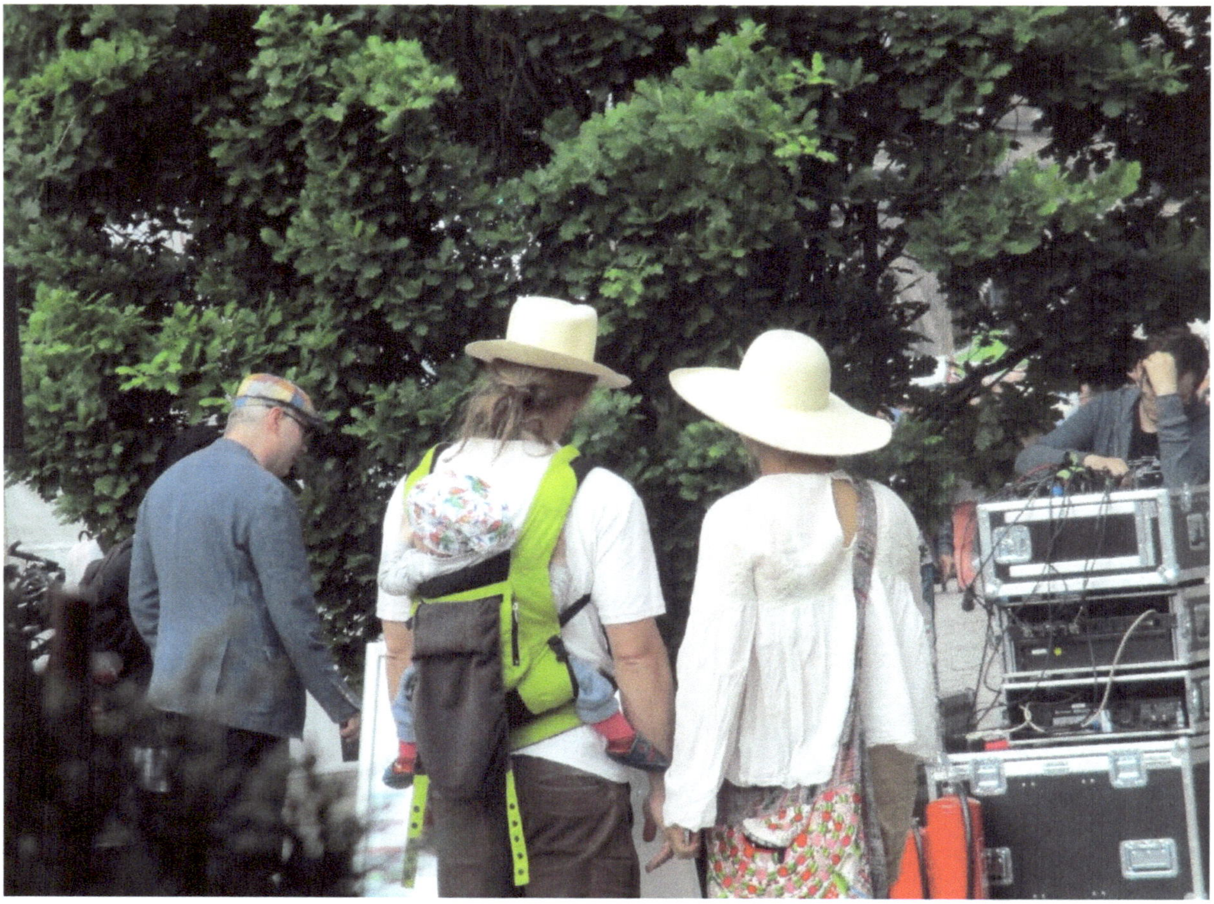

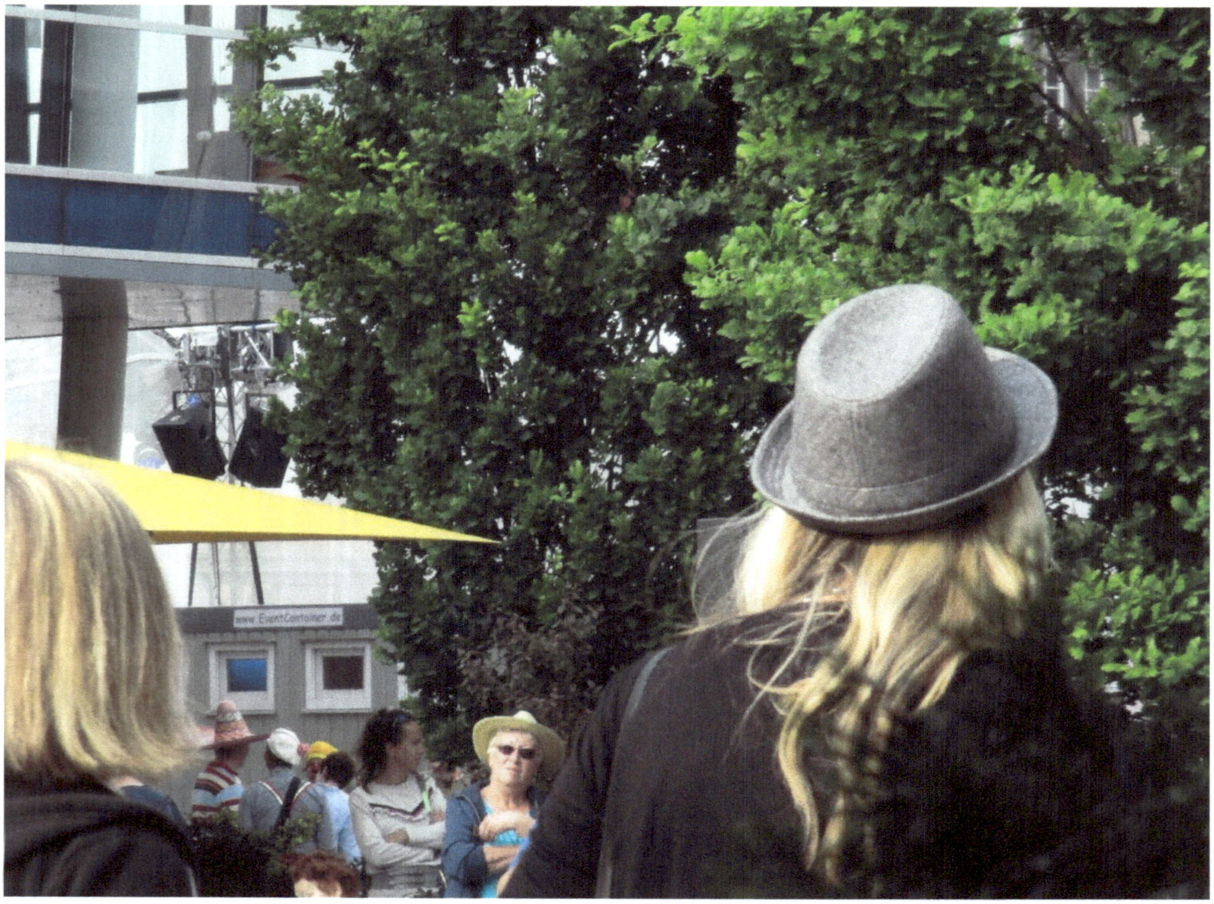
www.EventContainer.de

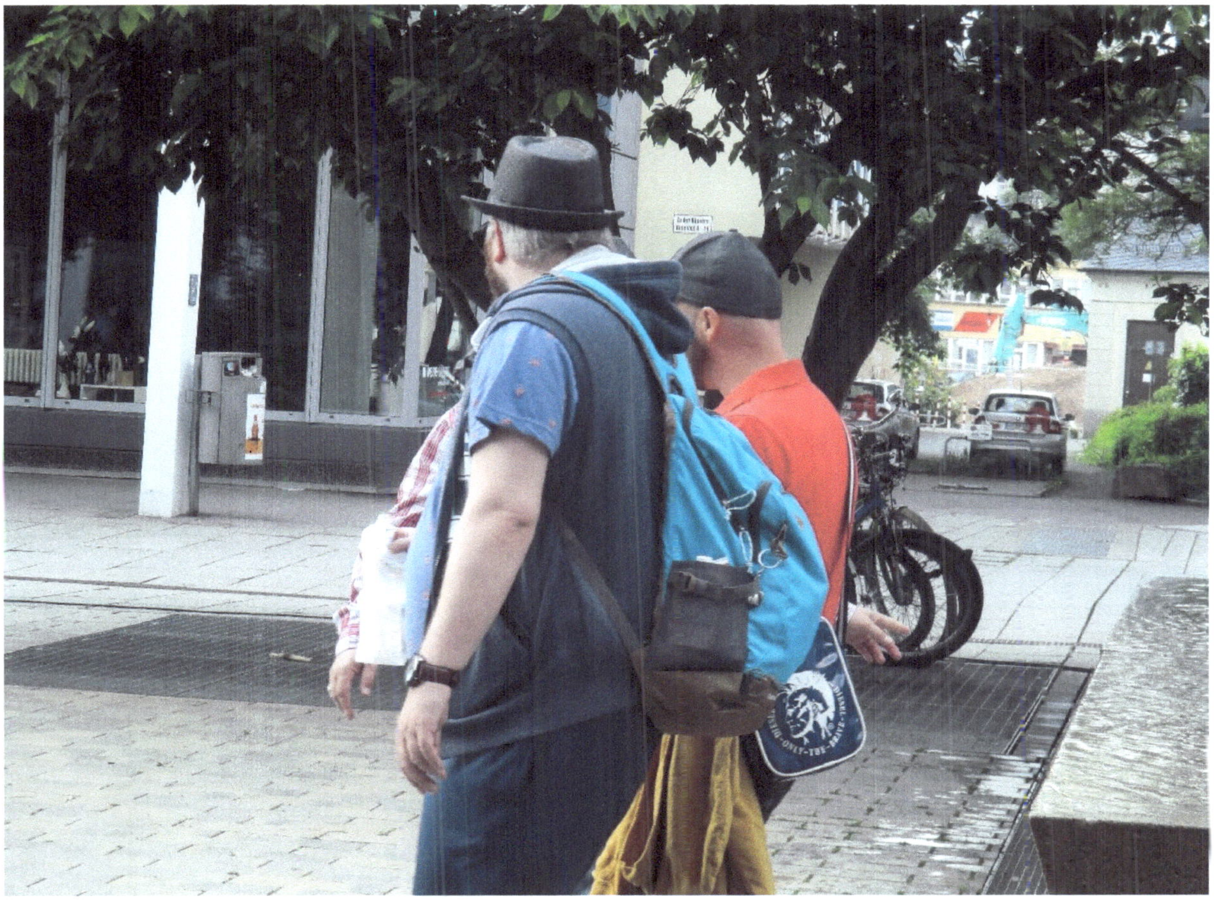

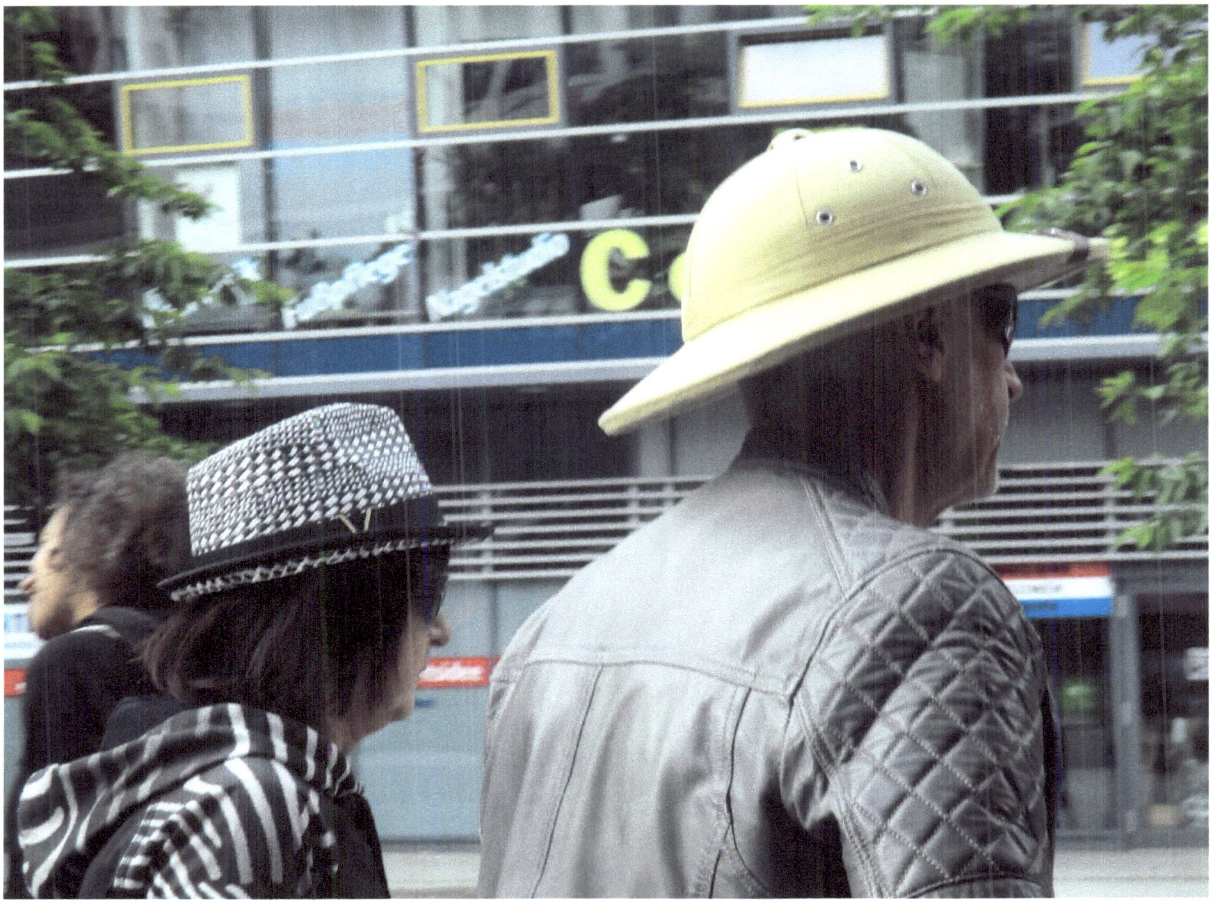

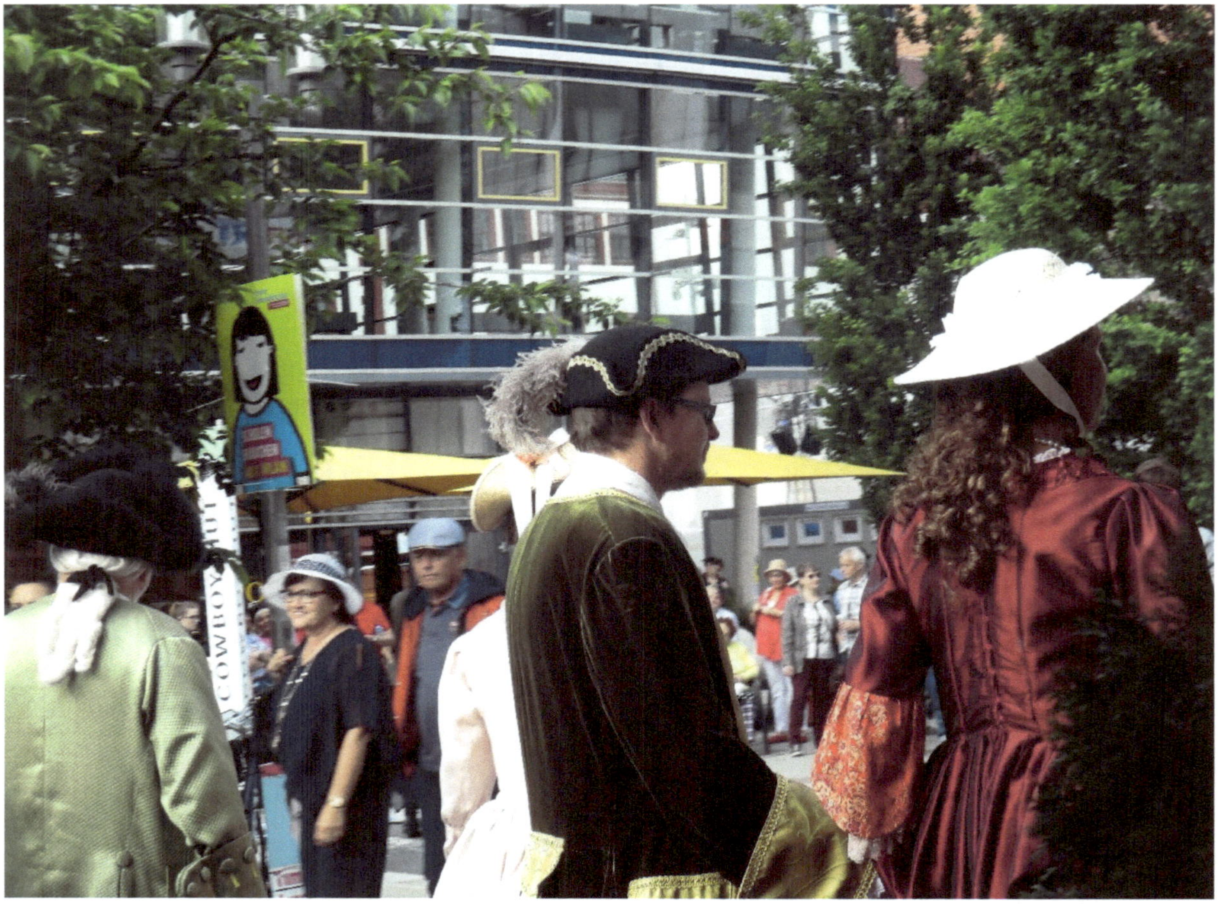
COWBOY

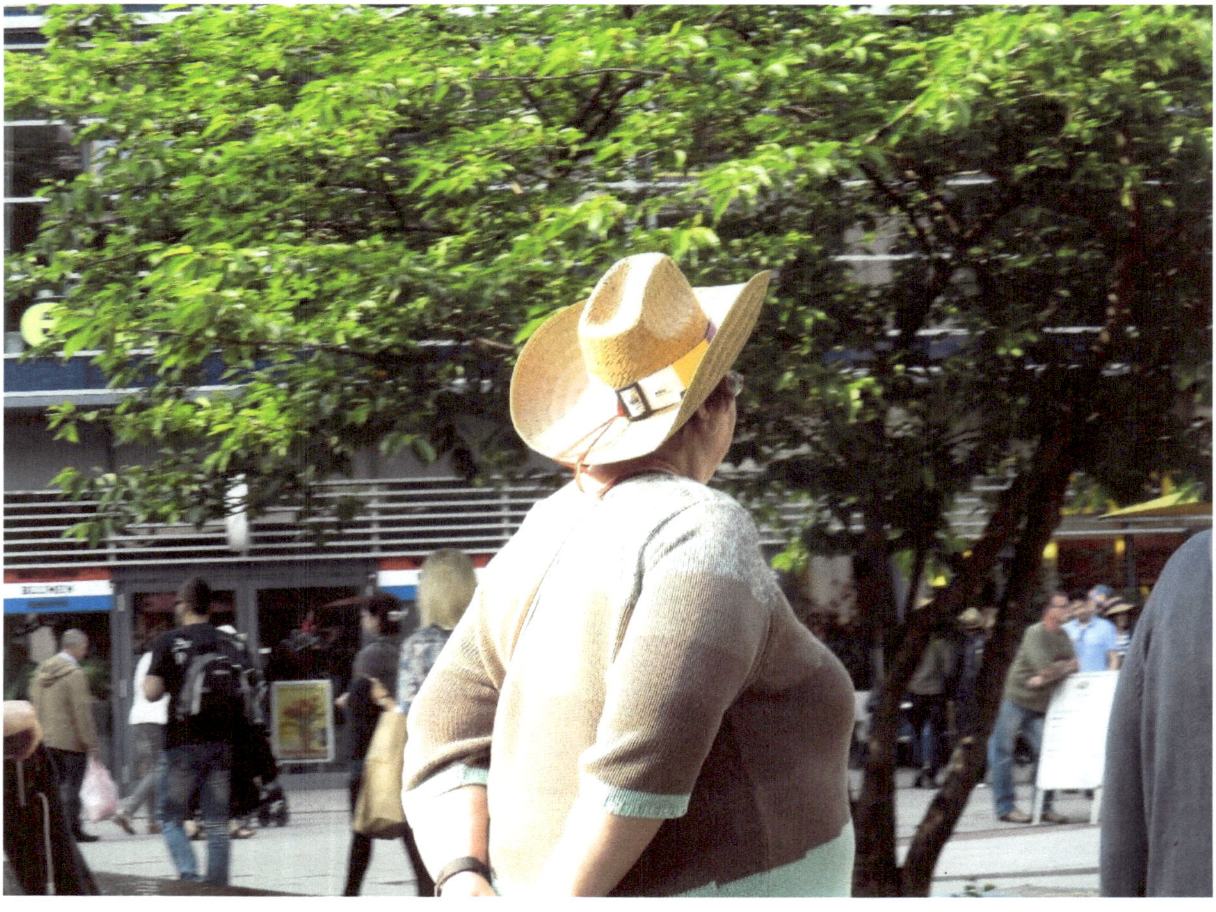

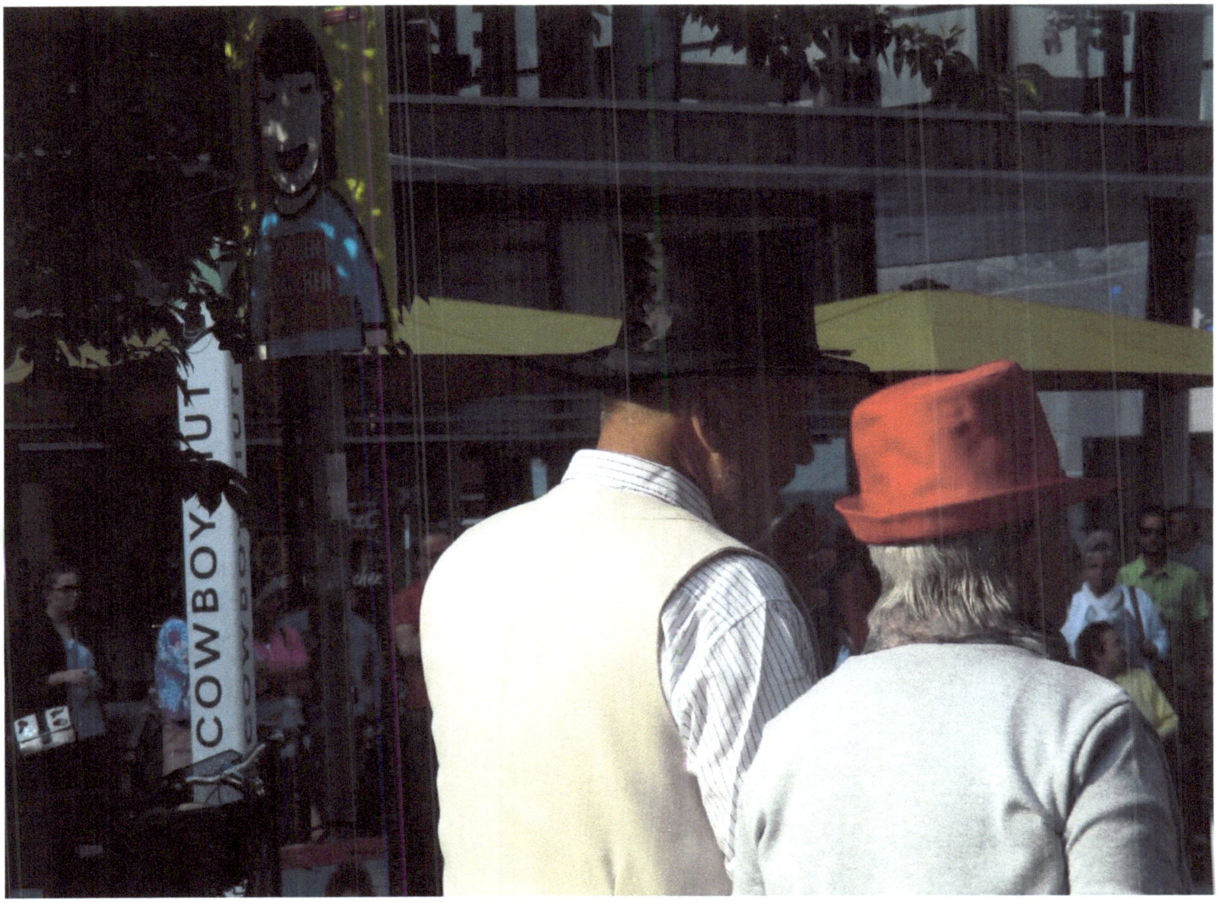
COWBOY HUT

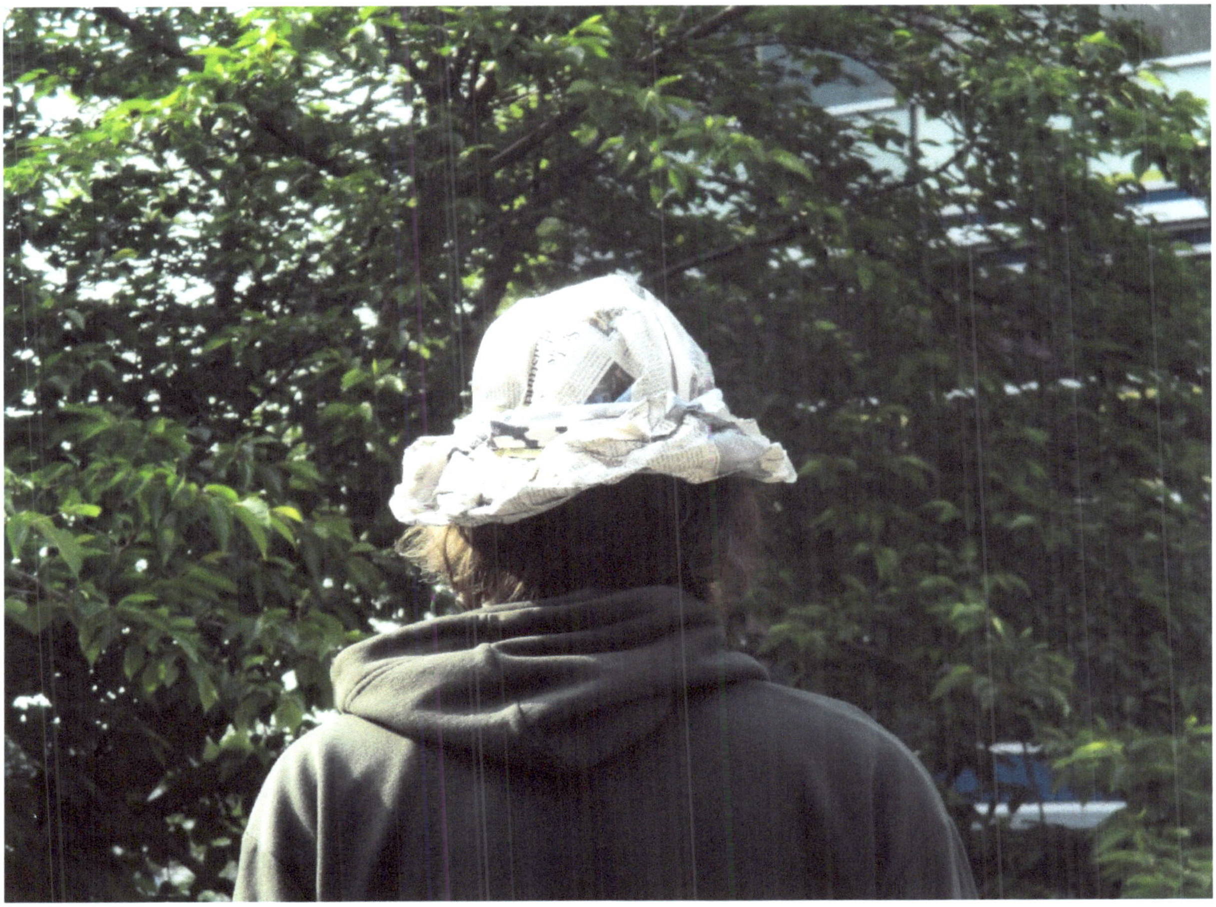

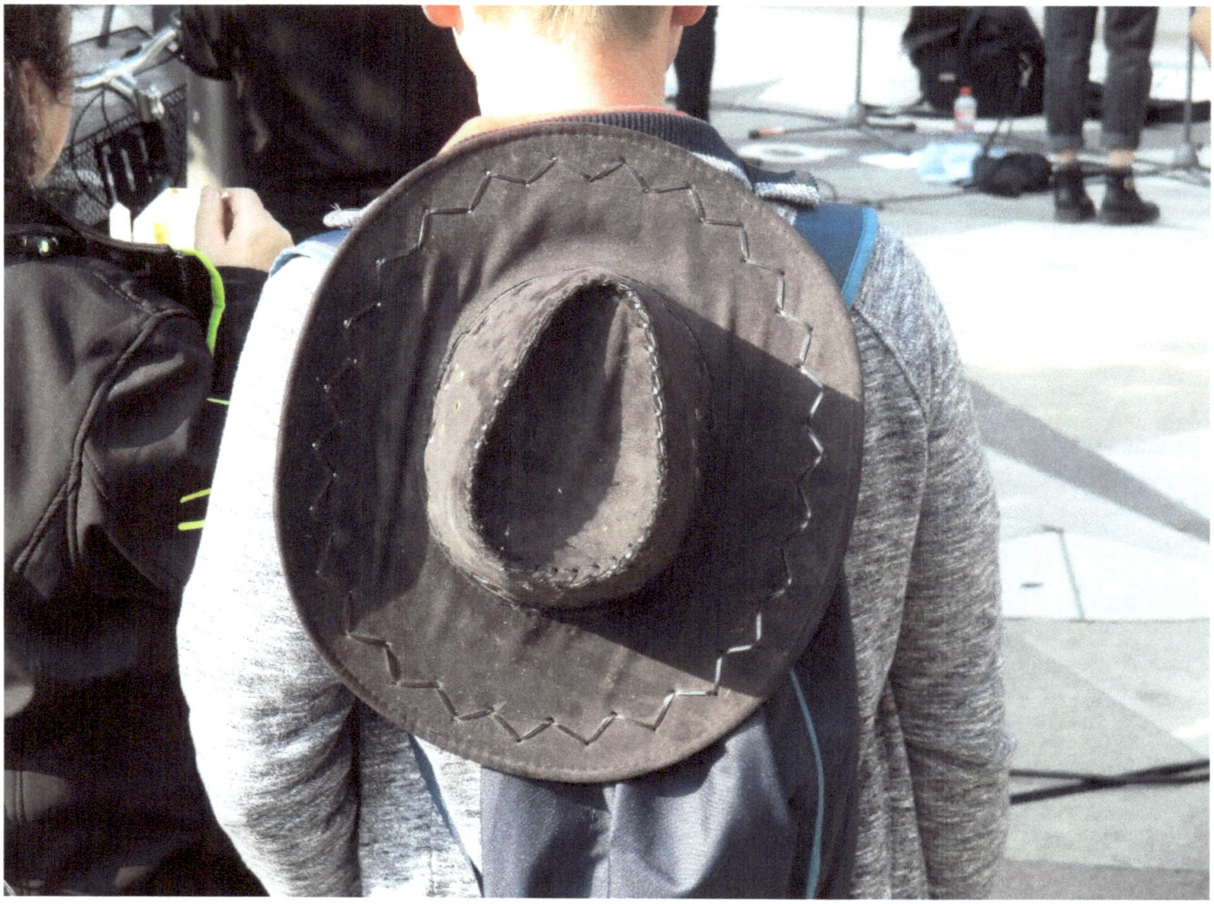

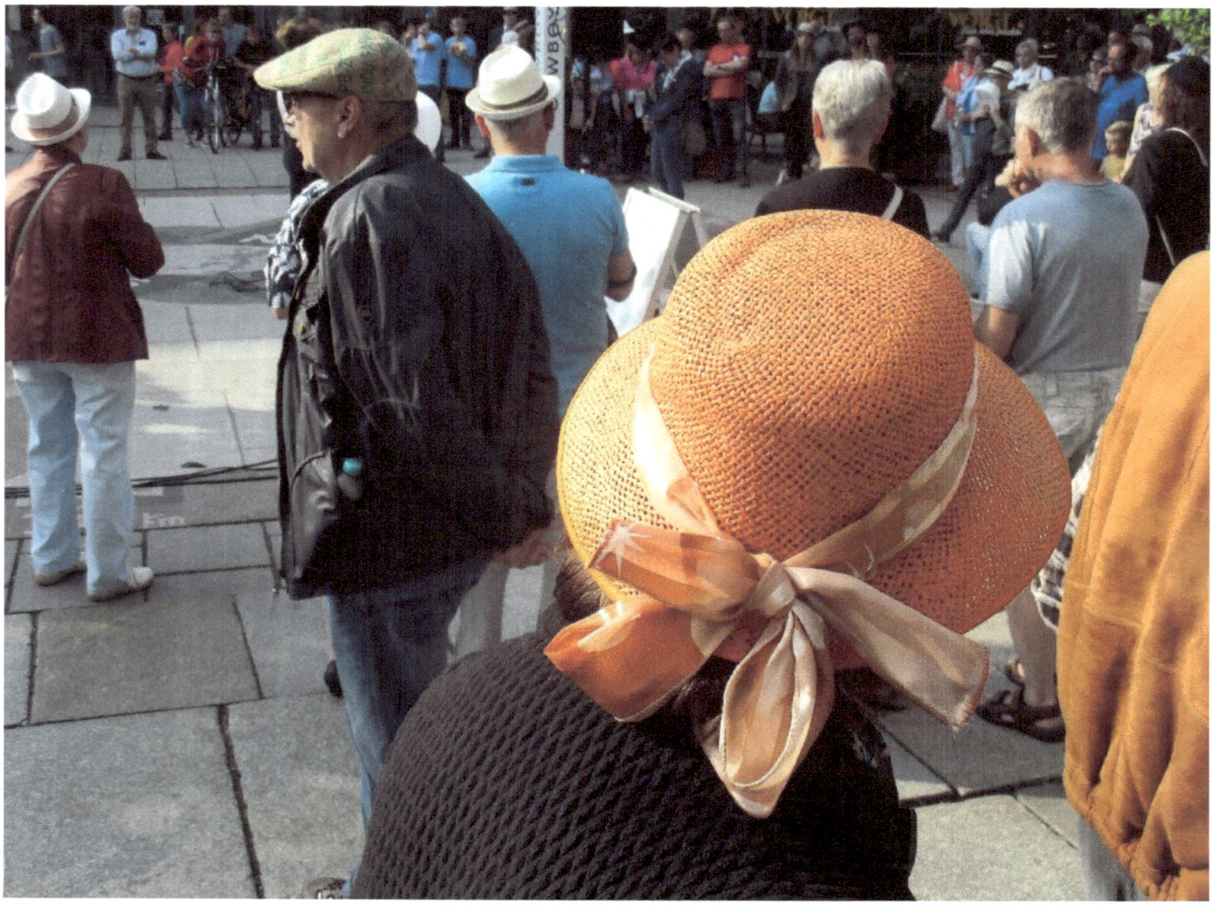

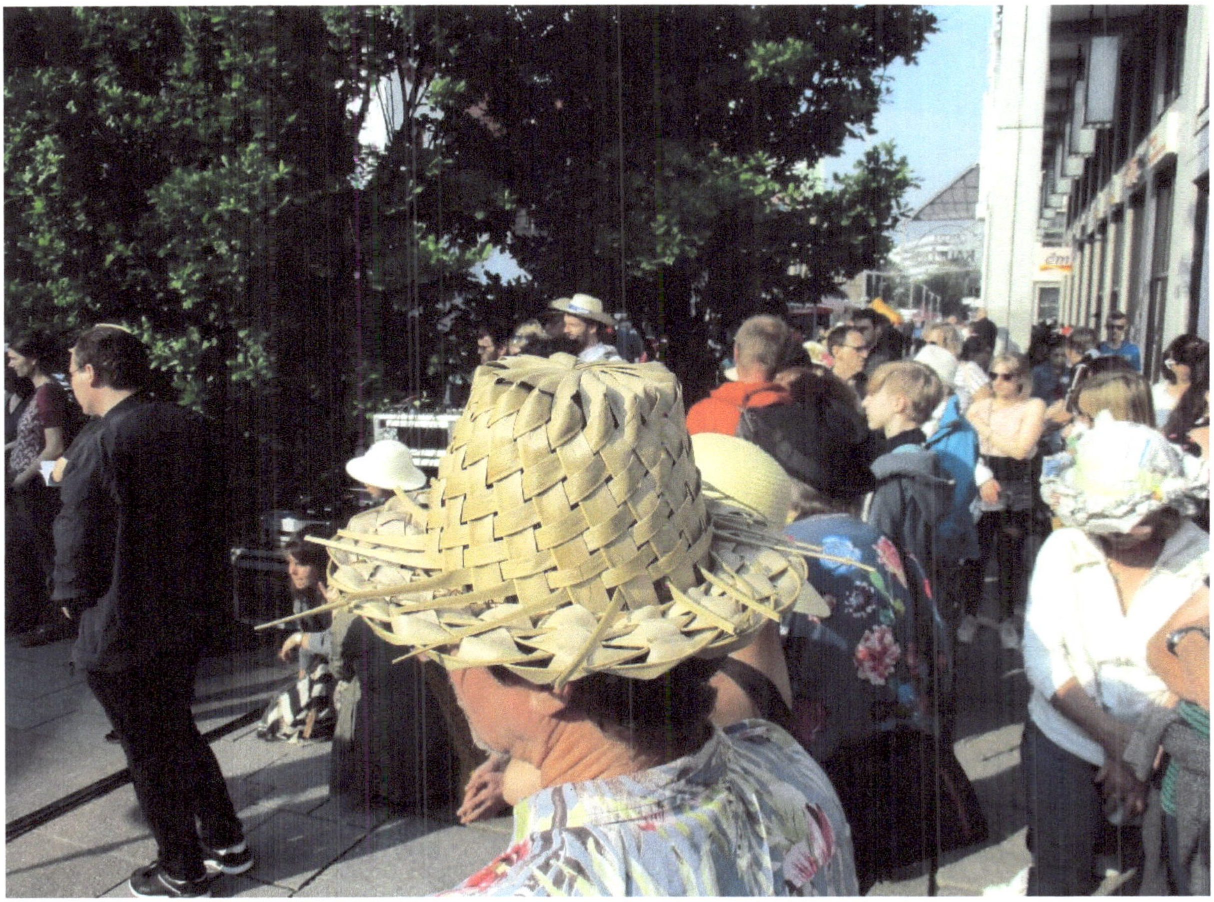

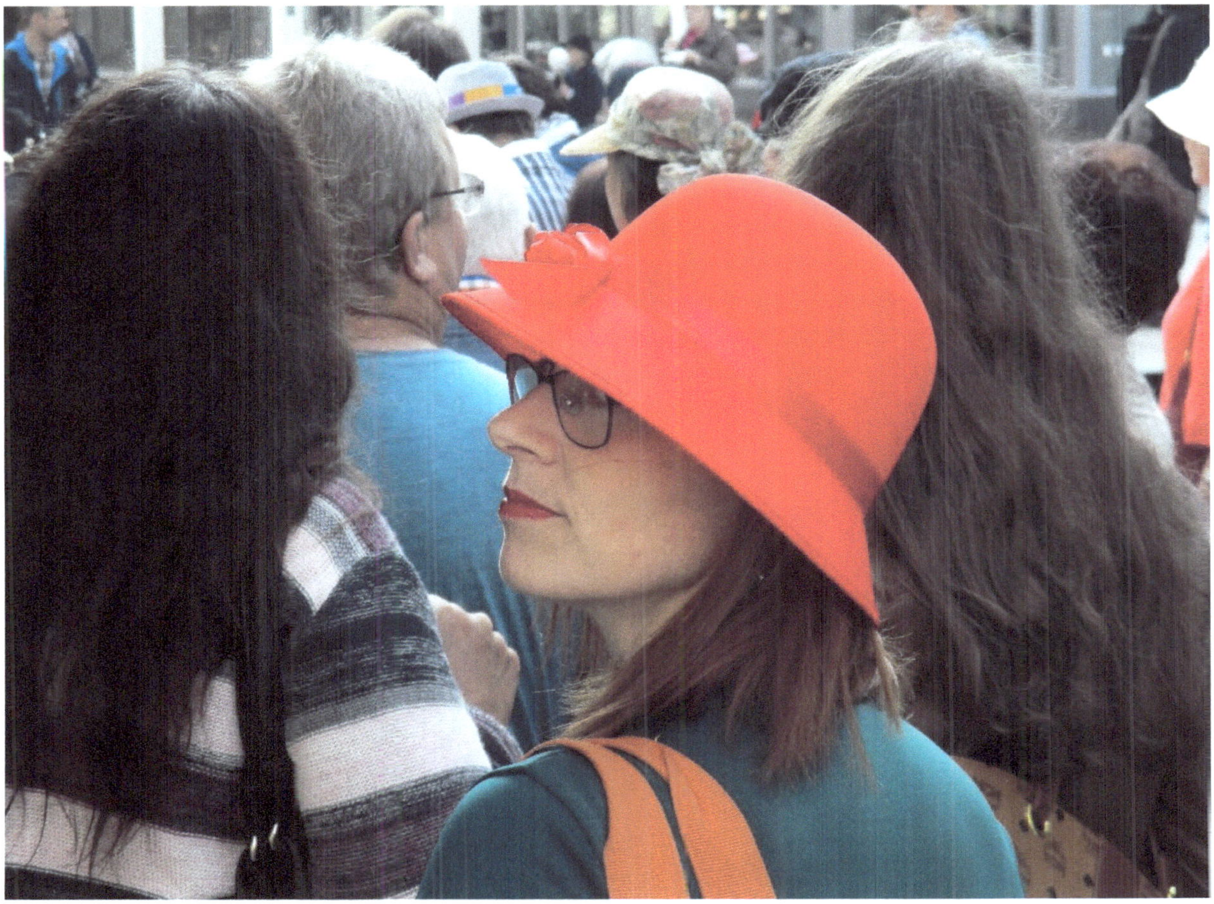

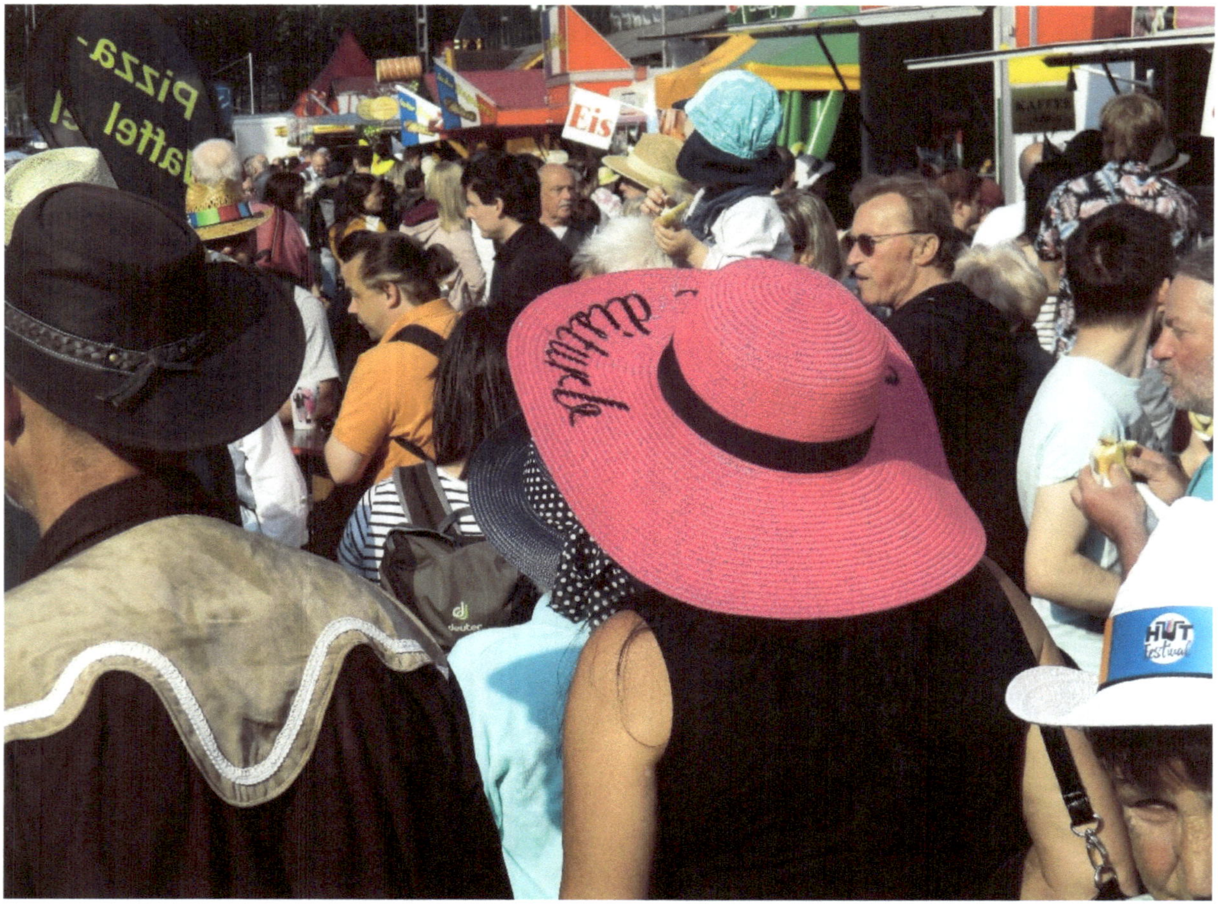
Pizza-
Eis

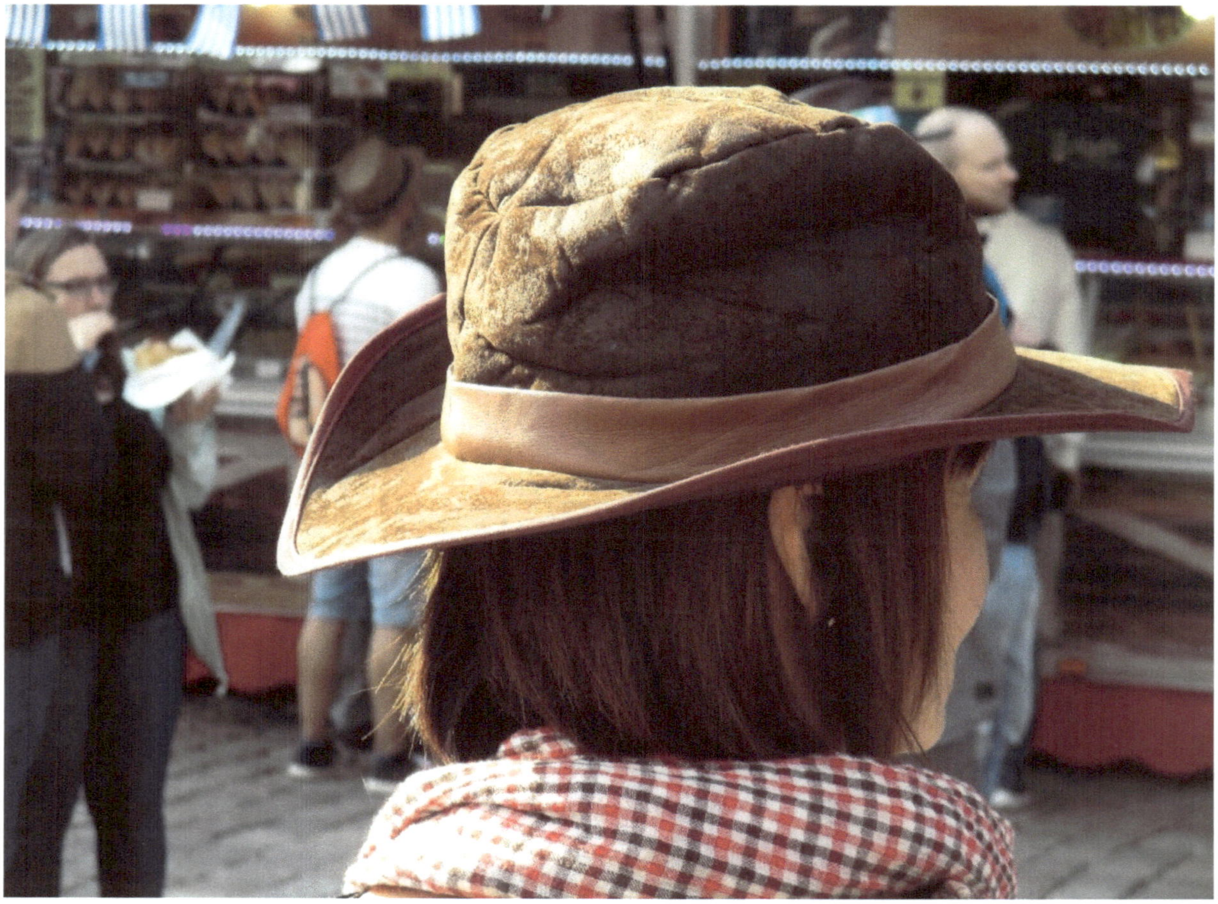

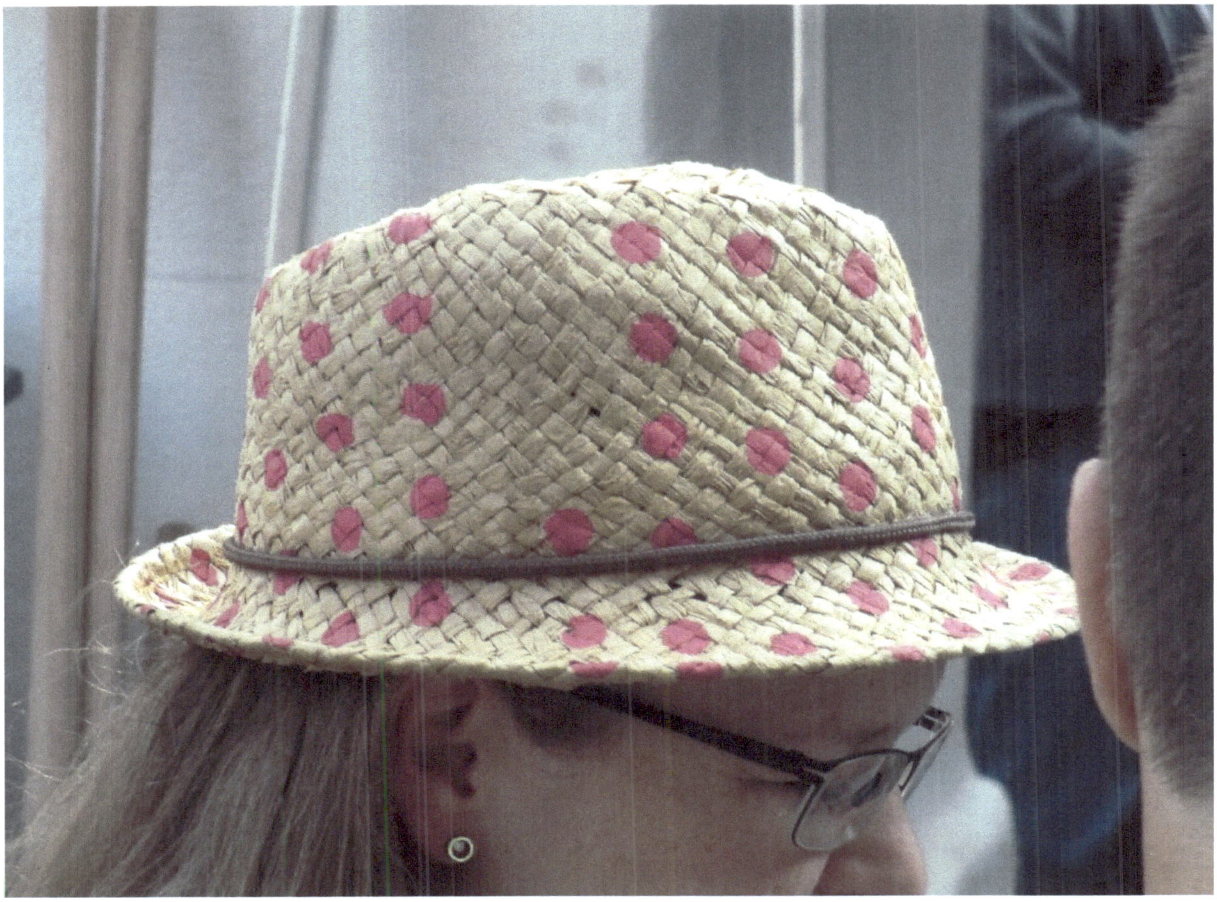

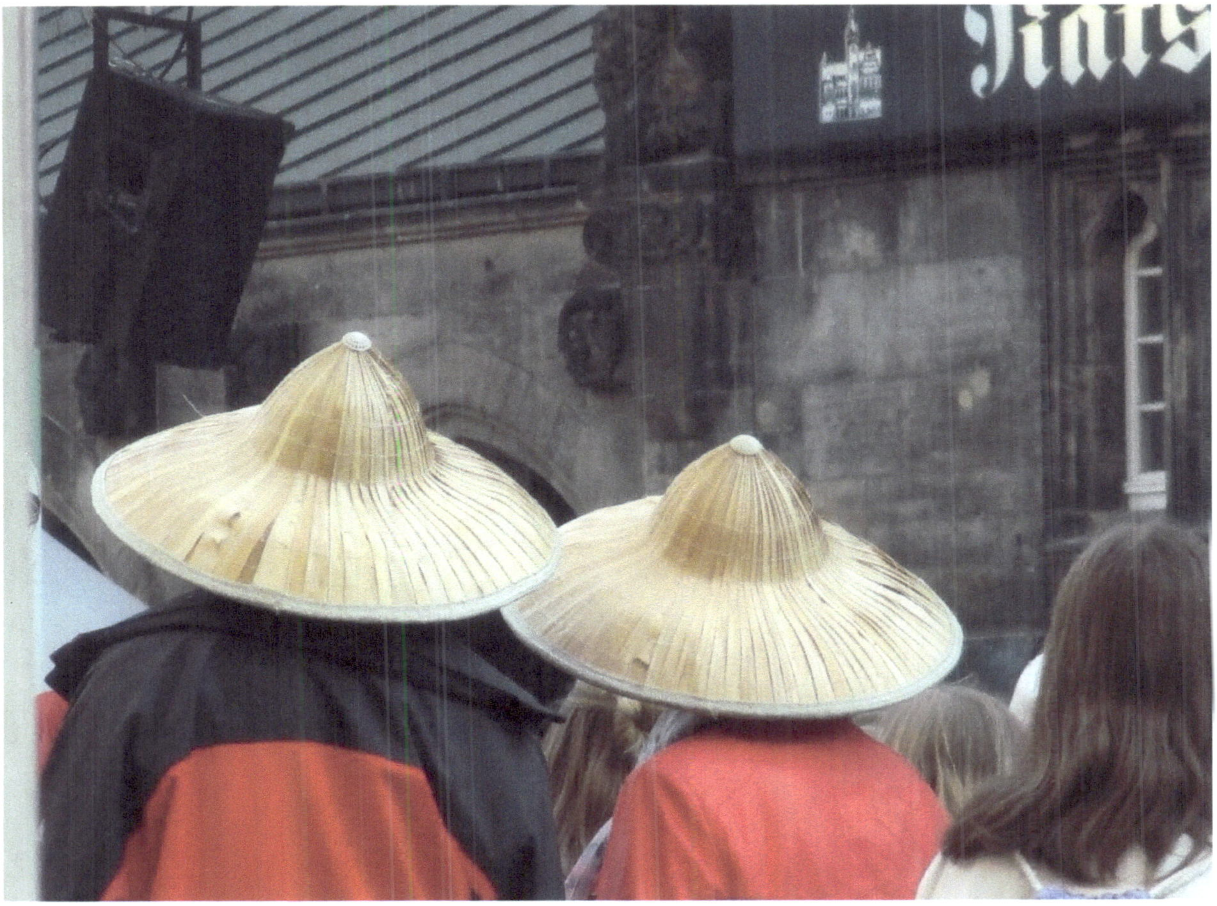

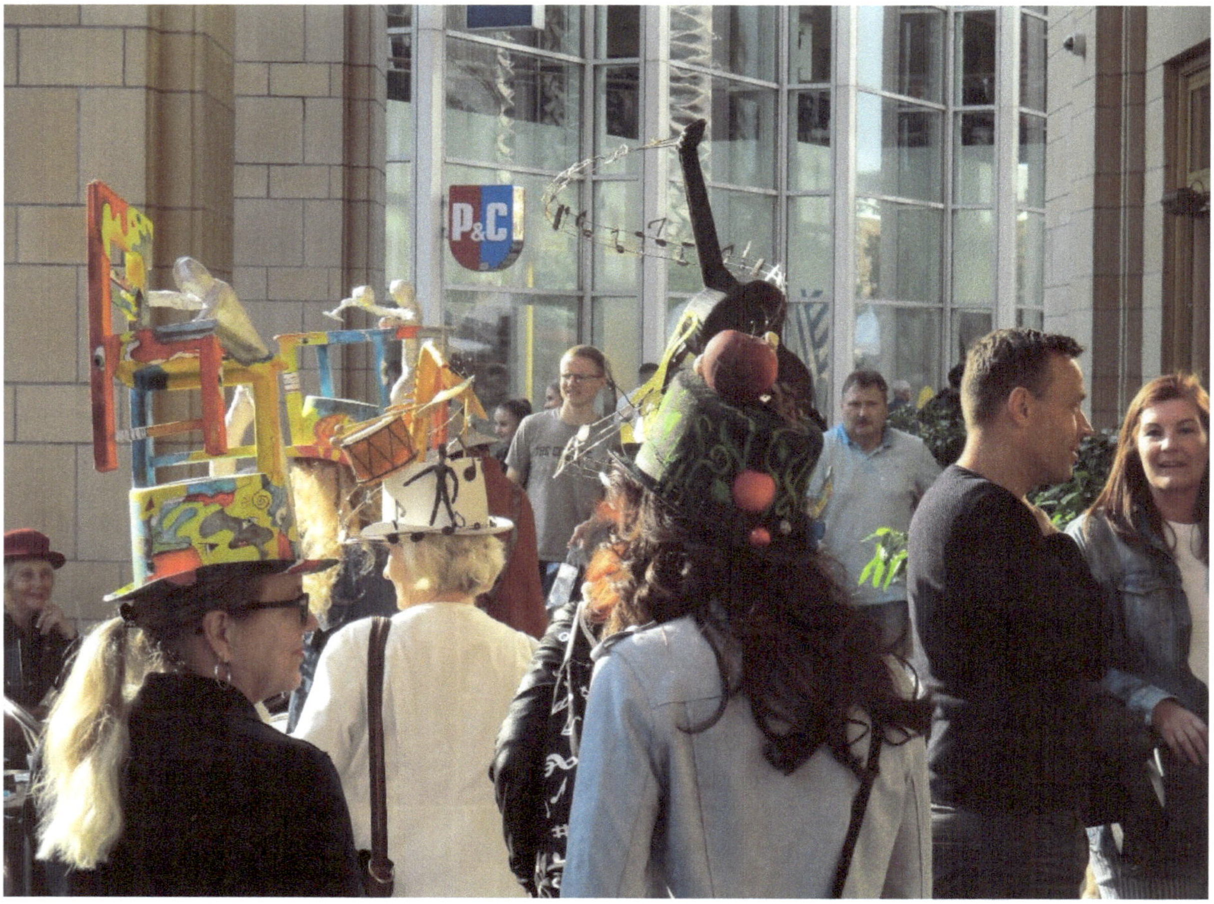
P&C

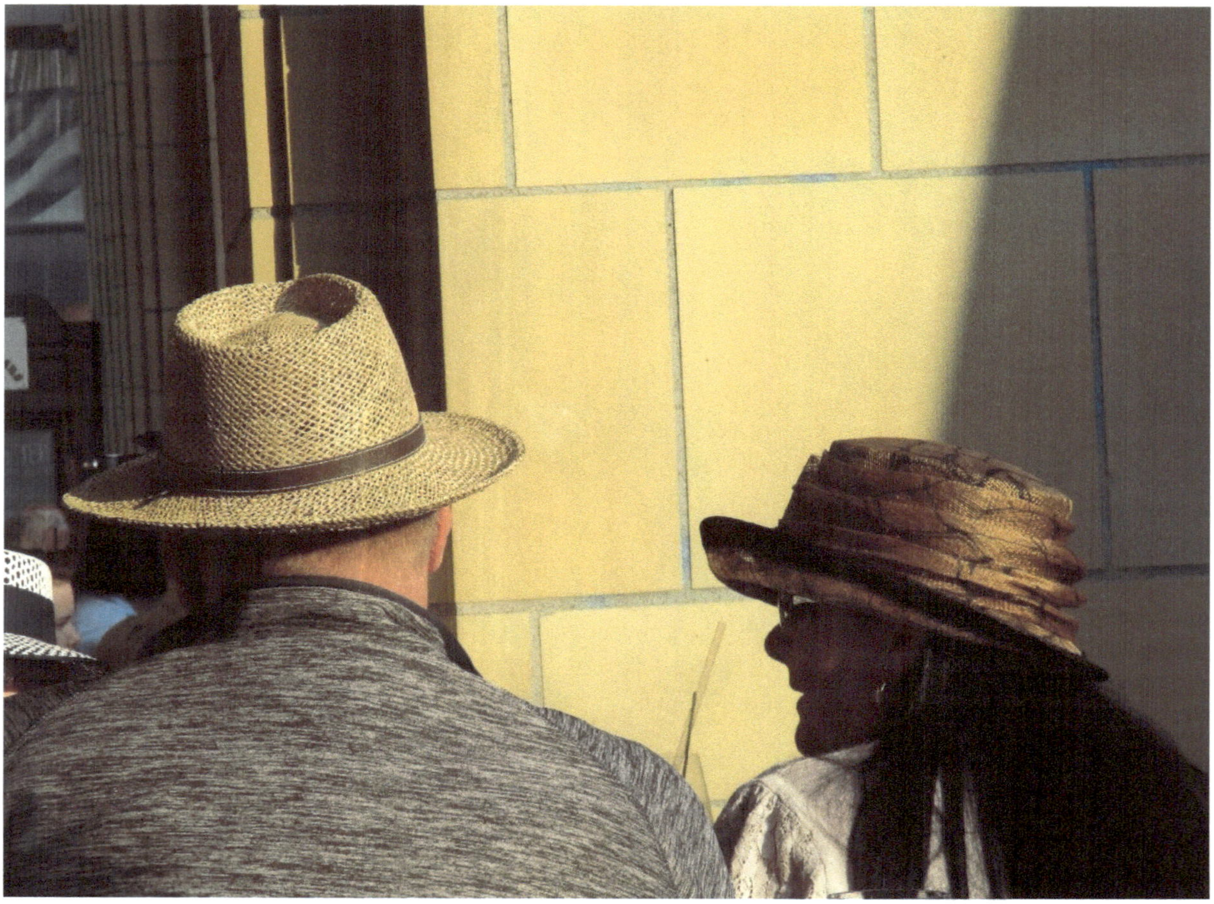

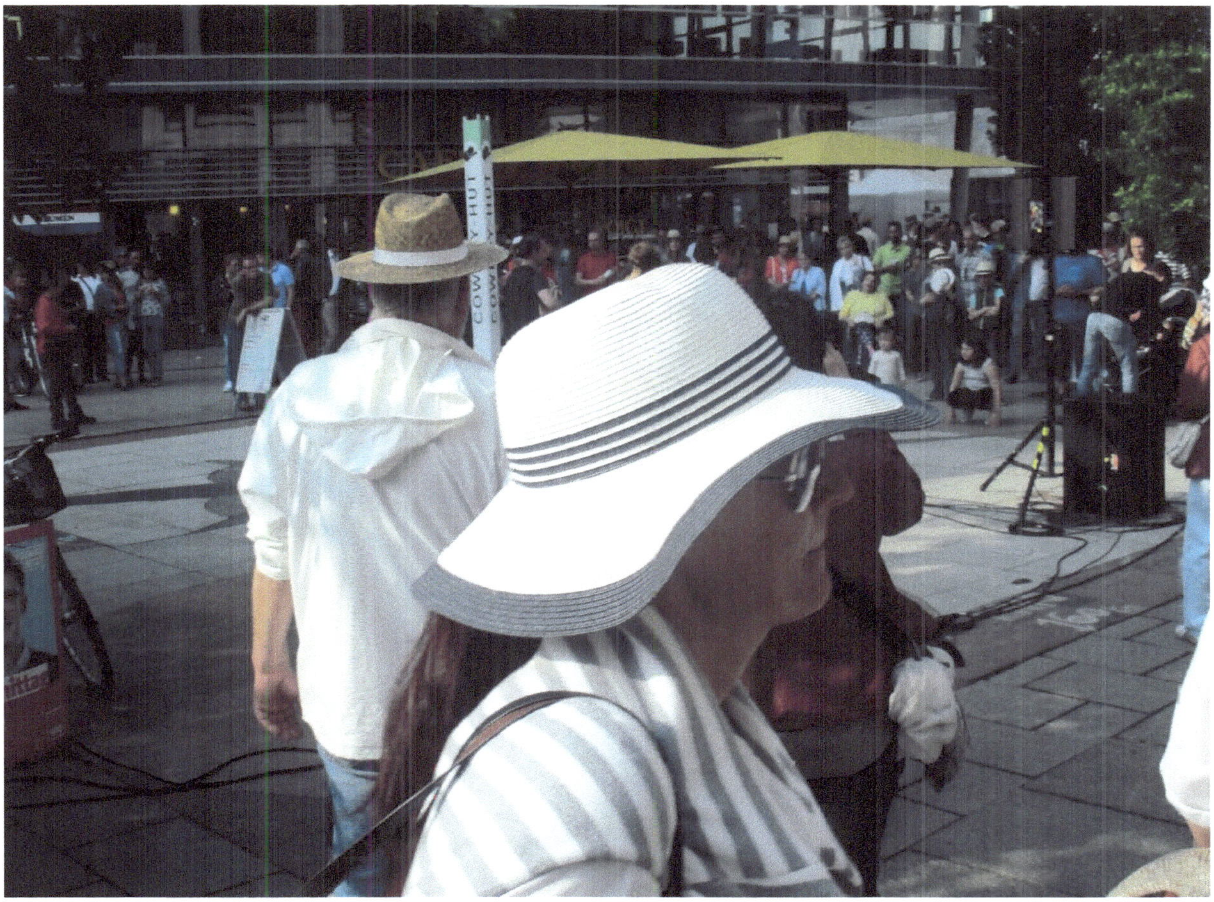

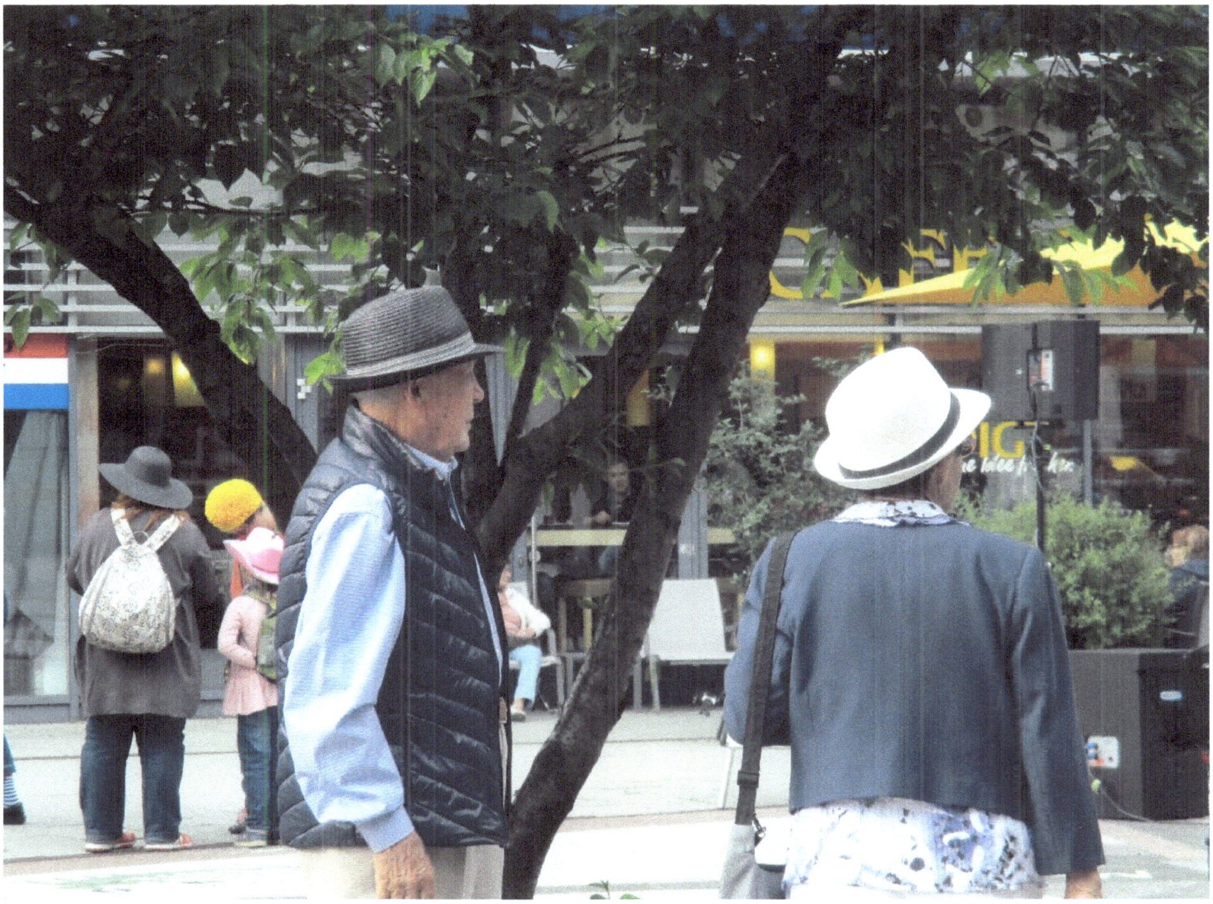

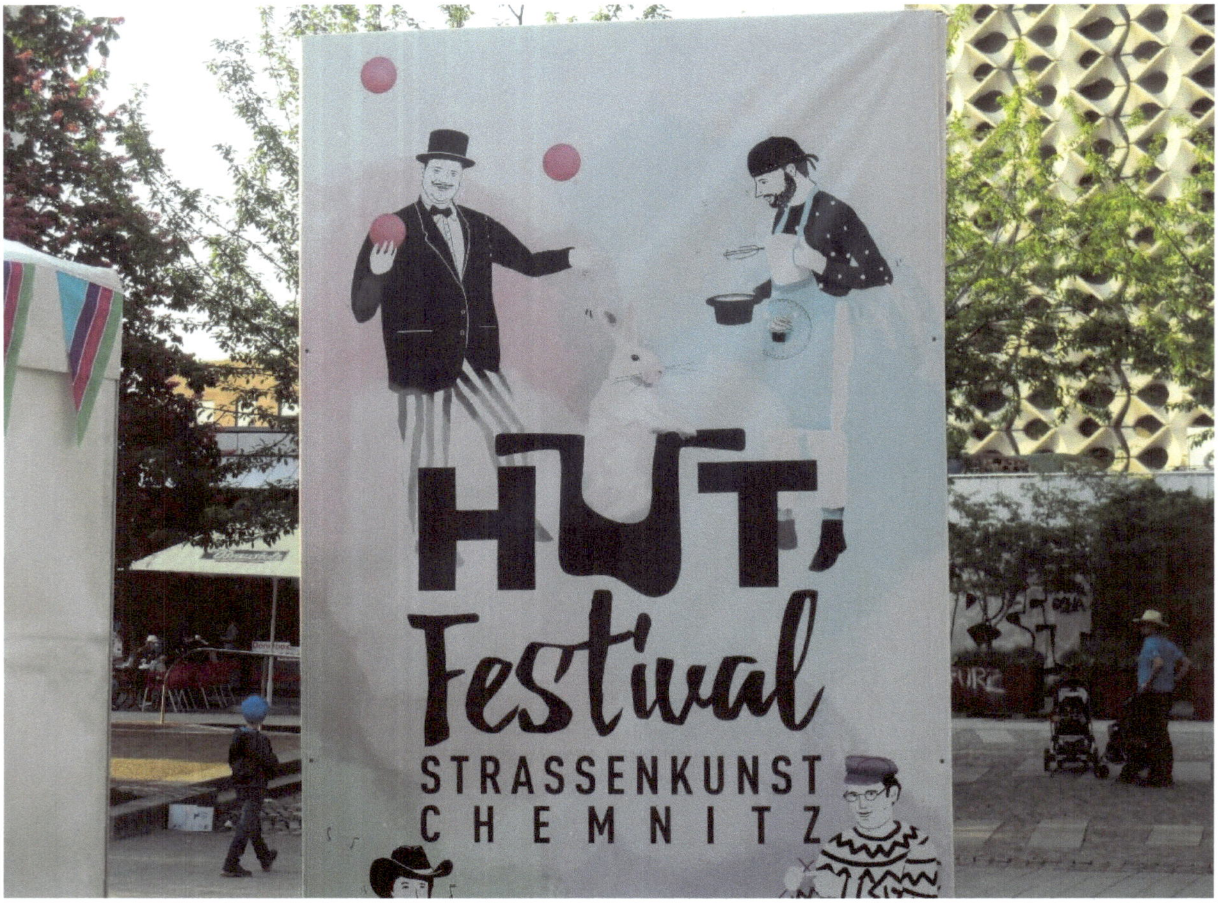
HUT,
Festival
STRASSENKUNST
CHEMNITZ

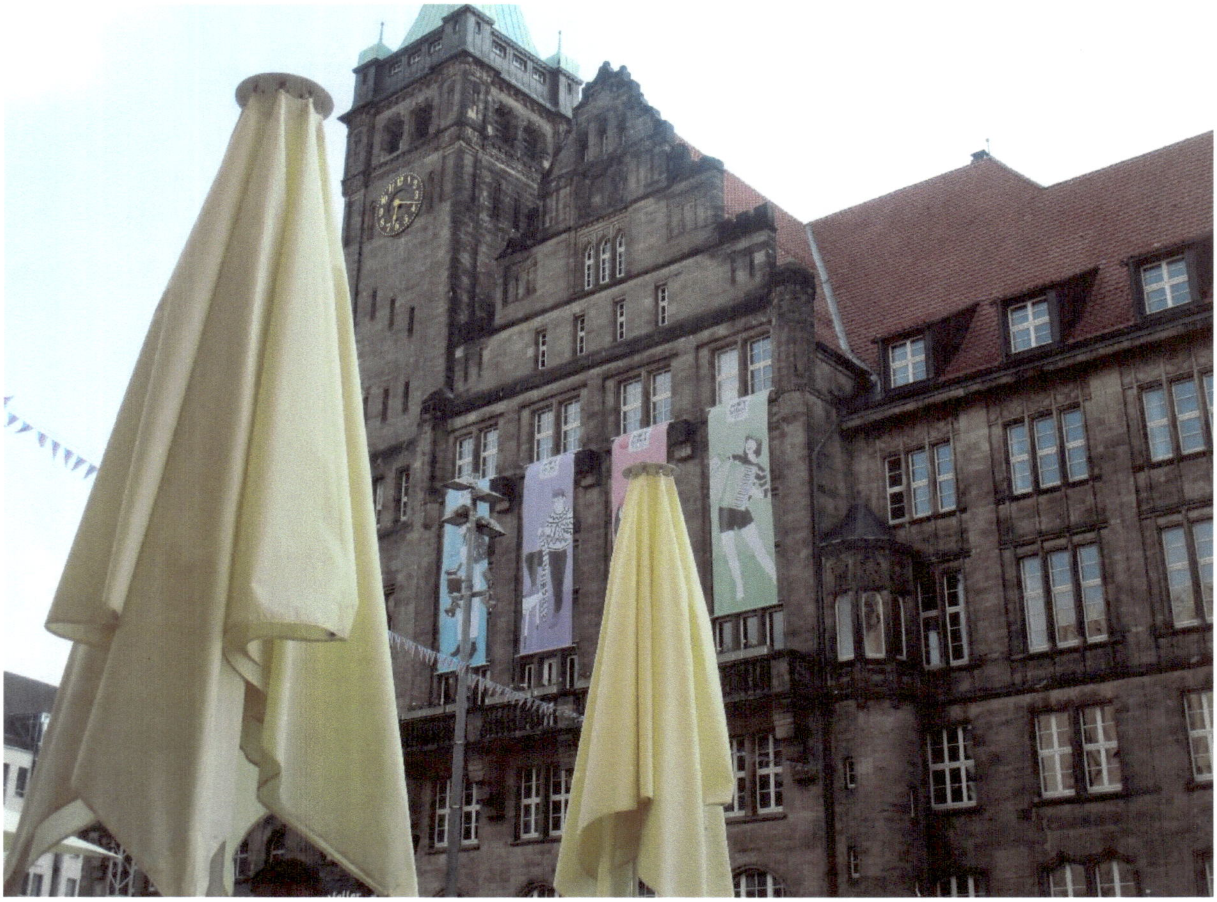

www.ingramcontent.com/pod-product-compliance
Lightning Source LLC
Chambersburg PA
CBHW050356180526
45159CB00005B/2035
9781070609324